EDITORIAL

Baltikum

Estland, Lettland und Litauen – Kultur und Natur auf noch fast unbekannten Wegen

Liebe Leserin, lieber Leser,

nach dem zweiten im Baltikum ausgetragenen Grand Prix de la Chanson im Mai 2003 wusste auch der letzte Europäer, dass es auf dem Kontinent Länder namens Estland, Lettland und Litauen gibt. Bis noch vor gut einem Jahrzehnt ganz und gar vergessene Nationen – und ab jetzt singen sie nicht nur für Europa, sondern reden auch in Brüssel mit. Ihr Weg nach Westen ist ebenso spannend und eindrucksvoll wie umgekehrt eine Reise zu ihnen.

Lassen Sie sich von Tallinn überraschen, dem alten Reval, das sein hanseatisches Stadtbild in die Gegenwart hinübergerettet hat. Genießen Sie den Elan und das Flair der lettischen Hauptstadt Riga, die mit ihrer Vitalität zum urbanen Mittelpunkt des Baltikums wurde. Und spüren Sie dem von Barock und Katholizismus geprägten Lebensgefühl in Vilnius nach. Überall auch werden Sie Menschen treffen, die anpacken und ihren Platz in der neuen Zeit gefunden haben. Sieben stellen wir Ihnen vor.

Gönnen Sie sich Muße für die Schönheit der Landschaften. Es erwarten Sie weite Horizonte in der einsamen Dünenwelt der Kurischen Nehrung und das weiße Licht kurzer Nächte auf der idyllischen Sommerinsel Saaremaa. Entdecken Sie die mächtigen Ordens-Burgen und die alten Herrensitze des deutschbaltischen Adels. Helle Birkenwälder, bunte Holzhäuser und die nordische Melancholie des flachen Landes erinnern Sie daran, dass Sie schon fast in Skandinavien sind.

Herzlich, Ihr

Andreas Hallaschka
Andreas Hallaschka
MERIAN-Chefredakteur

DIE BEGEISTERUNG für die Insel Saaremaa teilen MERIAN-Autor Thomas Gebhardt (stehend, links) und Fotograf Gregor Lengler (rechts) mit einer Schulklasse vom Festland. Die lettische Sängerin Marie N, Grand-Prix-Siegerin 2002, posiert mit dem Fotografen Peter Hirth (links) und dem Autor Kai-Uwe Scholz

>>> Mehr MERIAN im Internet: www.merian.de

INHALT
Baltikum

14 PORTFOLIO | Dünen, Seen und Herrensitze
Die Kurische Nehrung. Sängerfeste. Gut Palmse, ein architektonisches Kleinod. Eine Fotoreise

32 ESSAY | Ein Trio sucht die Harmonie
Drei Länder, drei Identitäten, Europa als Ziel

>> 36 TALLINN | Eine Stadt will nach oben
Mit hansischem Kalkül zum Erfolg:
Das einstige Reval besinnt sich auf alte Werte

>> 46 PORTRÄTS | Auf ganz eigene Art
Sieben Individualisten lassen bitten: Menschen, die mit ihrem Können Grenzen neu vermessen

>> 56 VILNIUS | Roms Bastion im hohen Norden
Barock die Kirchen, katholisch der Geist. Spätes Heidentum inbegriffen

64 RÜCKBLICK | Was blieb, ist die geistige Heimat
Axel von Campenhausen, geboren in Lettland, über das Baltikum und seine Deutschen

>> 68 SAAREMAA | Ein Sommertraum
Das frühere Ösel, ein verwunschenes Paradies, entwickelt sich wieder zur Ferieninsel

80 WISSENSCHAFT | Strichcodes des Lebens
In Tartu arbeiten Genforscher an einer Inventur aller Erbbausteine der estnischen Bevölkerung

>> 84 RIGA | Miss Balticum
Die Metropole des Baltikums ist elegant wie Paris, bohemehaft wie Prag und agressiv wie Moskau

96 MUSIK | Partituren der inneren Stimmen
Über den Zauber baltischer Klänge und Kulturbotschafter wie Gidon Kremer und Arvo Pärt

98 REPORTAGE | Die kleine Freiheit
2470 Kilometer im Abseits: Notizen von einer Fahrt durchs baltische Hinterland

RUBRIKEN

3 Editorial

8 Skizzen Zeitsprung. Estnische Klaviere. Litauische Teufel. Zahlenspiel. Kurenkahnwimpel. Der nördlichste Weinberg. Asyl für Stalin & Co.

108 Impressum, Bildnachweis

>> Titelthemen

SEITE 98
STILLER TROTT
Fern der großen Städte
ticken die Uhren noch im alten Takt

MERIAN | Info >>SEITE 110

110 Service | TopTen/Fähre Kiel-Klaipėda/Auskunft/Feste Buchtipps/Klima/MERIAN-orbit/Reiseveranstalter

Landesdaten und sehenswerte Orte
114 Estland | Tallinn, Tartu, Saaremaa, Otepää
118 Lettland | Riga, Cēsis, Jūrmala, Rundāle
122 Litauen | Vilnius, Kaunas, Klaipėda, Kurische Nehrung
126 Natur erleben | Nationalparks, Fahrradtouren, Kanufahrten und Wanderungen
130 Geschichte | Ritter, Fürsten und Besatzer
131 MERIAN-Karte
134 Über Nacht | Hotels, Schloss-Ferien, Bed & Breakfast
138 Vorschau | Die nächsten Hefte

SEITE 14
WEITES LAND
Wolkentheater und Farbenspiele: Die Landschaften im Baltikum, hier bei Metkinė in Litauen, bieten ein breites Repertoire

SEITE 56
TREFFPUNKT KATHEDRALE
Skater geben dem weitläufigen Platz vor der Kathedrale in Vilnius eine neue, sehr weltliche Bestimmung

SEITE 84
JUGENDSTIL-BLÜTEN
Baukonjunktur um 1900: Ein Drittel der Häuser im Rigaer Stadtzentrum ist geprägt von dieser Pracht-Architektur

SEITE 68
FRISCHER WIND
Saaremaa rüstet sich nach Jahren der Tristesse, wieder zu werden, was es einmal war: eine idyllische Kur- und Badeinsel

SEITE 46
KLASSIK BLACK & WHITE
Die Zwillinge Anu und Kadri Tali – Dirigentin die eine, Managerin die andere – verkörpern junge und neue Initiativen in den baltischen Ländern

www.phaeton.de

In Ihrer Position ist man für seine Belohnungen selbst verantwortlich. Kommen Sie Ihrer Verantwortung nach?

Ein V8-Motor mit 246 kW (335 PS), der 430 Nm erzeugt. Ein W12-Motor mit 309 kW (420 PS), der in 6,1 Sek. auf 100 km/h beschleunigt. Ein V

Der Phaeton

...I®-Motor mit 230 kW (313 PS), der den Phaeton zur stärksten Diesel-Limousine der Welt macht. Eine Herausforderung für Entscheider.

SKIZZEN Baltikum

September 1992
Freiheit nach Noten: Das erste MERIAN-Heft über die baltischen Länder spiegelte die Situation kurz nach der „Singenden Revolution" und der Unabhängigkeit von Moskau wider

1844

REVAL/TALLINN Zeitsprung

Als der Russe Ivan Aivazovsky (1817-1900) seine Stadtansicht Revals malte, lagen noch die Linienschiffe seines Förderers, Zar Nikolaus' I., und die Lastensegler statt der Motorfrachter und Schnellfähren im Hafen. Kirchtürme und Domberg behielten jedoch die Lufthoheit in der Tallinner Skyline. An Stelle der lang gestreckten Wehrmauer vor der Unterstadt sind ein kleiner Park, Umgehungsstraßen und – in den Sechzigern – eine scheußliche Stadthalle entstanden. Deren Zeit ist bereits wieder gezählt.

2003

ONLINE e-stland

Papier brauchen estnische Minister nur noch bei Sitzungen auf dem Klo. Am Kabinettstisch wird mit der Maus notiert und votiert. *E-government* ist so revolutionär wie die Online-Übertragungen aus dem Parlament. Das Volk kann seine Vertreter live kontrollieren und in Kürze sogar per *e-voting* (ab)wählen. Unterwegs ist das Handy unentbehrlich. Jeder dritte Tallinner Autofahrer zahlt damit seine Parkgebühren – ein System, das bis nach Oslo exportiert wurde. Auch Tickets kauft der Este per Mobiltelefon. Und manchmal ruft er einen Minister an.

Wo geht's ins Netz? Und woher weht der Wind? Wegweiser, modern und nostalgisch

KURENKAHNWIMPEL
Romantisches Schnitzwerk

Schon 1844 richteten sie sich am Mast jedes Fischerboots im Kurischen Haff nach dem Wind: die Kurenkahnwimpel, zuerst aus Blech, dann aus Leinwand im Holzrahmen, schließlich als pures Schnitzwerk aus Holz. Ursprung war eine Fischereiverordnung, die die Wimpel als Kennzeichen des Heimathafens vorschrieb, damit Wildern im Haff verfolgt werden konnte. Heute sind sie nur noch auf Dächern oder in Vorgärten zu sehen. Und auf zwei Kurenkähnen für Touristen.

www.spain.info
www.visitbalears.com

DIE BALEAREN PRÄGEN SIE

Mallorca, die größte Baleareninsel, schlägt alle Besucher in ihren Bann. Viele berühmte Persönlichkeiten aus der ganzen Welt haben sich in ihren Netzen verfangen. Ob es wohl an der überwältigenden Schönheit der weißen Sandstrände, der imposanten Höhe der steilen Klippen oder der verführerischen Ausstrahlung der malerischen Landschaften liegt? Oder etwa an den Städten, den Marinas, dem regen Nachtleben? Es gibt Tausende von Gründen, die Insel zu besuchen, aber keinen einzigen, sie wieder zu verlassen.

Lassen Sie sich von www.spain.info pragen
www.visitbalears.com

Platja d'Alcúdia, Mallorca

INFORMATIONEN ERTEILT IHNEN IHR SPANISCHES FREMDENVERKEHRSAMT
10707 BERLIN. Kurfürstendamm 63, 5 OG. Fax: (030) 882 66 61 - 40237 DÜSSELDORF. Grafenberger Allee 100 (Kutscherhaus). Fax: (0211) 680 39 85
60323 FRANKFURT / MAIN. Myliusstrasse 14. Fax: (069) 72 53 13 - 80051 MÜNCHEN. Postfach nº 151940. Fax: (089) 53 07 46 20
8008 ZÜRICH. Seefeldstr. 19 - 1010 WIEN. Walfischgasse 8
Nur für Prospektbestellungen innerhalb Deutschlands: Tel · (06123) 99 134 Fax: (06123) 991 51 34

SKIZZEN Baltikum

Attraktion für Jung und Alt: die bezopfte Bronzefigur des Ännchens in Klaipėda

JEDERMANNS DARLING
Ännchen von Tharau

Anna Neander aus dem Dorf Tharau, so viel ist sicher, hat gelebt. Dass sie zum Liebling deutscher (und inzwischen auch litauischer) Memelländer wurde, verdankt sie dem Barockdichter Simon Dach. Als dessen Freund, der Pastor Johannes Portatius, 1636 das Ännchen heiratete, verfasste Dach (auf den ersten Blick selbst in die Braut verliebt) das plattdeutsche Gedicht „Anke van Tharaw". Heinrich Albert vertonte es, Herder übertrug es ins Hochdeutsche, und damit war Ännchens Popularität besiegelt: 1912 wurde ihre Figur auf dem Simon-Dach-Brunnen vor dem Theater in Memel (Klaipėda) enthüllt. 1939 musste das bezopfte Mädchen einer Hitler-Büste weichen, später stand dort ein Sowjetpanzer. 1989 kehrte Ännchen auf den Theaterplatz zurück – als Nachguss und Geschenk ehemaliger Memeler an Klaipėda.

APPLAUS FÜR ESTONIA
Klang-Export

Der einst staatlichen sowjetischen Klavierfabrik „Estonia" sind globale Flügel gewachsen. 350 Studio- und Konzertflügel in drei Varianten werden von 130 Mitarbeitern pro Jahr in Handarbeit gebaut und in 76 Länder (vor allem in die USA) geliefert. „Estonia" gehört heute zur S-Klasse im Pianobau; überschwängliches Lob kam von Claudio Arrau, Swjatoslaw Richter, Oscar Peterson und Dave Brubeck.

Bei „Estonia" wird die Kunst des Klavierbaus innerhalb der Firma vererbt

TOPS
UNBEDINGT SOLLTEN SIE
>> ...Biere aus Estland („Saku", „A. Le Coq") und Lettland („Aldares") probieren.
>> ...in öffentlichen Toiletten die Dreiecks-Verhältnisse beachten: Spitze nach oben = Frauen, Spitze nach unten = Männer.
>> ...rund drei Euro in einen der englischsprachigen, zweimonatlich aktualisierten *In your pocket*-Führer investieren. Ob In-Discos, angesagte Bars, neue Boutiquen oder veränderte Öffnungszeiten – die Broschüren bringen Sie in den größeren baltischen Städten auf den letzten Stand.
>> ...Ihre Route durchs Baltikum gut planen, um Nerven zu schonen: Zwischen Estland und Lettland gibt es bislang drei, zwischen Lettland und Litauen sieben offizielle Grenzübergänge für Reisende.
>> ...sich im Hinterland in Supermärkten mit Verpflegung eindecken (Cafés oder gar Raststätten sind Ausnahmen).

FLOPS
AUF KEINEN FALL SOLLTEN SIE
>> ...die Bezeichnung Baltendeutsche verwenden; die ist von vorgestern. Korrekt heißt es: Deutschbalten.
>> ...in Estland von der Ordensburg Trakai in Litauen schwärmen; hier hält man die Festung in Kuressaare allemal für authentischer.
>> ...allzu beherzt in die Ostsee springen; Wassertemperaturen um 19 Grad sind Spitze. Und die blaue Flagge für gute Wasserqualität flattert auch nicht überall.
>> ...beim Strandspaziergang auf reiche Bernstein-Beute hoffen. Trotz des überbordenden, gelegentlich gewöhnungsbedürftigen Überangebots in Souvenirläden ist das schöne Harz nach wie vor eine Rarität.
>> ...das erste beste Taxi vor Ihrem Hotel nehmen. Sie könnten an einen Fahrer mit Formel-I-Ambitionen und dreistem Finanzgebaren geraten.

Studiosus

Intensiver leben

Reisen. Weite? Tiefe!

Erleben Sie ein Land in seiner ganzen Vielfalt – Kultur und Geschichte, Märkte, Strände und die Menschen.

Lassen Sie die Oberfläche hinter sich, kommen Sie der Ferne ganz nah:
Intensiverleben.

Studiosus

Jetzt die aktuellen Kataloge kostenlos anfordern:

00 800/24 01 24 01

Gebührenfrei für D, A und CH

www.studiosus.com

SKIZZEN Baltikum

SABILES KURIOSER WEINBERG
Baltische **Frühlese**

Der 1,5 Hektar große Weinberg des Dorfes Sabile in der Lettischen Schweiz ist (sagt auch das „Guinness-Buch der Rekorde") der nördlichste der Welt. Im 14. Jahrhundert wurde er kultiviert, und heute gedeihen hier 13 Sorten an 1000 Rebstöcken. Weil ungebetene Weinberg-Gäste die Trauben immer vor der Lese wegnaschten, wurde die jährliche „Ernte" von 150 Flaschen stillschweigend importiert. Ein neuer Zaun soll Originalabfüllungen garantieren.

KAUNAS DIABOLISCH
Teufels **Reigen**

Der exzentrische litauische Maler Antanas Žmuidzinavičius (1876-1966) wusste, was das Böse war. Teufel als Richter, Brautwerber, Tänzer und Beschützer allen Übels, in Holz, Ton, Stein und Glas, auf Teppich und Papier sammelte er bis zu seinem Tod. Im Teufelsmuseum von Kaunas, das seine Kollektion fortführt, fehlen auch nicht satanische Cartoons und ultimative Stellvertreter des Gehörnten mit dem Bocksfuß – wie Hitler und Stalin.

MILLIONÄRS-SPLEEN
Asyl für Lenin, Stalin & Co.

Stalindenkmäler, Gulag-Wachtürme, sowjetische Propagandagemälde, Sprudelwasser-Stände und Tanzmusik: Im Grūtas parkas in Grūtas bei Druskininkai (Südlitauen), einem Skulpturenpark abgehalfteter Helden der Sowjetunion, lebt die kommunistische Ära fort. Hier wird an die 360 000 litauischen Opfer der Moskauer Repression erinnert, legen Unentwegte aber auch Blumen vor ausgemusterten Statuen nieder. Initiator des Freilichtmuseums ist Viliumas Malinauskas, der mit Zucht und Export von Pilzen Millionär wurde. Sein Vater und weitere Familienangehörige waren übrigens nach Sibirien verschleppt worden.

Ein Dutzend Lenins, ein Stalin, ein Marx sowie ein Engels führen im Grūtas parkas ein Schatten-Dasein

ZAHLENSPIEL

1 150 000
Tonnen Torf exportierte Lettland im Jahr 2001

1 000 000
Menschen formierten sich 1989 zu einer Kette von Tallinn über Riga nach Vilnius – Demonstration des Freiheitswillens

7400
Seen spiegeln die Landschaften des Baltikums

1839
Kilometer lang sind die Festlandküsten der drei baltischen Staaten

318
Meter hoch und höchste Erhebung im Baltikum ist der Suur-Munamägi in Estland

165
Kreuzfahrtschiffe legten 2002 in Tallinn an, 46 mehr als in Riga und Klaipėda zusammen

59 Grad, 22,9' N/ 21 Grad, 40,9' O
sind die Koordinaten des 1994 gesunkenen Fährschiffs „Estonia" – Sarg von 852 Menschen auf dem Weg von Tallinn nach Stockholm

44
Selbstmorde pro 100 000 Einwohner verzeichnete Litauen 2001 – weltweit ein Spitzenwert. Estland: 32, EU-Durchschnitt: 20

10
Stammtische für Deutsch Sprechende und Deutschsprachige finden regelmäßig in Riga, Tallinn, Vilnius, Kaunas und Klaipėda statt

3
Sommer verbrachte Thomas Mann in Nidden (1930-1932)

0,5
Meter jährlich wandern die Dünen auf der Kurischen Nehrung

SENSE IT!

Hong Kong lädt ein – ab € 639

Spüren Sie den Puls Hong Kongs. Mit einer einzigartigen Mischung aus quirligem Stadtleben, faszinierender Kultur, sagenumwobener Geschichte und Natur pur zieht die faszinierende Weltmetropole Besucher aus aller Welt an. Tauchen Sie ein in das Herz Asiens und erleben Sie Hong Kong hautnah. Im Rahmen des „Kulturellen Kaleidoskops" werden zum Beispiel kostenlose Schnupperkurse für Tai Chi oder Feng Shui sowie eine Hafenrundfahrt auf einer Dschunke angeboten.

Kommen Sie jetzt nach Hong Kong und entdecken Sie die Stadt mit den tausend Gesichtern.

ab € 895   **Gebeco:** Hong Kong mit Charme. 7-Tage-Städtereise, 5 Nächte im 4*-Hotel Royal Plaza inkl. Flug mit Lufthansa ab/bis Deutschland, LH-Anschlussflug nach Frankfurt, Zug zum Flug, Flughafentransfers in Hong Kong, örtlicher deutschsprachiger Reiseleitung, p.P. im DZ ab € 895 (gültig im Reisezeitraum 01.09.03–30.04.04)

ab € 809   **TUI Deutschland GmbH:** 5 Nächte Hong Kong im 3*-Hotel Newton inkl. Flug mit Lufthansa ab/bis Frankfurt, Flughafentransfers in Hong Kong, p.P. im DZ ab € 809 (gültig im Reisezeitraum 04.09.03–01.11.03)

ab € 639   **Explorer Fernreisen:** Hongkong Holidays, 3 Nächte im 3*-Hotel Kimberley inkl. Flug mit Cathay Pacific ab/bis Frankfurt, Flughafentransfers in Hong Kong, halbtägiger, deutschsprachiger Hong-Kong-Island-Tour, p.P. im DZ inkl. Frühstück ab € 639 (gültig im Reisezeitraum 01.11.03–12.12.03 und 29.12.03–31.03.04). www.explorer-fernreisen.com

Weitere Informationen erhalten Sie in Ihrem Reisebüro oder unter DiscoverHongKong.com

HONG KONG LIVE IT. LOVE IT!

Supported by

HONG KONG TOURISM BOARD

Asia's world city — HONG KONG

Estland | Lettland | Litauen   Fotoreise durch eine Welt voller Poesie. Mit Bildern, die Sehnsucht wecken

Im Zauber der Dünen, Seen und Herrensitze

Sandverwehungen: Hohe Düne auf der Kurischen Nehrung. Der bewaldete Grabschter Haken im Hintergrund gehört schon zu Russland

Litauen | Das Blau **leuchtet** wie am Mittelmeer

Am Strand bei Nida (Nidden): Still ruht die See, weiß blitzt die Düne des Parniddener Bergs

Idyllisch: die alten Holzhäuser der Fischer von Juodkrantė (Schwarzort) auf der Kurischen Nehrung

Parkplatz mit Panorama: Oldtimer in einem Vorgarten am Haffufer von Nida (Nidden)

Litauen | # Ein Hauch von Nostalgie liegt in der Luft

Die Sonne strahlt, die Ostsee schäumt: Badevergnügen an schier endlosen Stränden

Estland | **Stumme Zeugen der Geschichte**

Freilichtmuseum bei Viimsi an der Bucht von Tallinn

Estland | **Elegantes Juwel** ländlicher Lebensart

Das Herrenhaus von Palmse im Lahemaa-Nationalpark ist ein Musterbeispiel baltischer Gutshofs-Architektur

Ländlicher Alltag: Heuernte in dem kleinen Dorf Lüllemäe

Estland | **Der Sommer lockt mit Stadtfesten und dem Duft von Heu**

Gute Laune unter freiem Himmel: Pärchen beim Altstadtfest in Tallinn

Im Seebad Pärnu (Pernau): die Leichtigkeit des Seins vor dem Kurhaus

Estland | Der Wind **treibt nur** die Wolken

Alle Flügel stehen still: Die Bockmühlen, die es auf Saaremaa noch gibt, mahlen längst nicht mehr

Lettland | **Riga, wie es singt** und schwingt

Während des Sängerfests fliegen die Röcke: Volkstanzgruppe bei einer Vorführung auf dem Domplatz

Lettland | **Ein Fluss lädt ein** zum Wasserspiel

Kaskadenfront: 110 Meter breit ist die Stromschnelle Ventas rumba bei Kuldīga (Goldingen)

Wasser, so weit das Auge reicht: Mehr als 100 Seen gibt es im Nationalpark Aukštaitija in Litauen

Terzett beim Sängerfest in Tallinn: Zumindest beim Singen herrscht Eintracht im Baltikum

Was vereint, was trennt die drei Länder des Baltikums?
Bilanz einer nicht immer spannungsfreien Nachbarschaft

Ein Trio sucht die Harmonie

Text: Thomas Urban

Eigentlich hören sie es nicht so gern, die Esten, Letten und Litauer, wenn sie „Balten" genannt werden und ihre drei Länder das „Baltikum". Sie betonen, dass sie eigentlich viel lieber als eigenständige Völker mit eigener Kultur und Mentalität wahrgenommen werden möchten. Wie dies fast immer unter Nachbarn üblich ist, liebt man sich nicht. Man erzählt sogar Witze übereinander – die anderen sind dabei immer die Tolpatsche und Hinterwäldler. Umfragen über die Sympathien, die man für andere Völker hegt, belegen dies immer wieder: In jedem der drei Länder landen die beiden anderen baltischen Nachbarvölker bestenfalls im Mittelfeld.

In zwei Punkten sind sich die drei Nachbarn aber einig. Geliebt wird, was am weitesten weg ist: die USA und Kanada, die beiden Länder, in denen nach dem Zweiten Weltkrieg viele Emigranten aus dem Baltikum eine neue Heimat gefunden haben. Und mit großem Misstrauen schaut man auf den Nachbarn im Osten, auf Russland, und auf die russische Minderheit im eigenen Land, die in Estland und Lettland jeweils knapp ein Drittel, in Litauen acht Prozent der Bevölkerung ausmacht, alles in allem etwa anderthalb Millionen Menschen. Denn das waren die Besatzer, die die drei kleinen Ostseeländer russifizieren wollten, darin unterschieden sich die Beamten des Zaren nicht von den Funktionären der Kommunistischen Partei.

Bei allem Unbehagen gegenüber den Russen: Für die ältere Generation ist Russisch die Lingua franca; die Jüngeren sprechen Englisch miteinander. Denn Esten, Letten und Litauer verstehen sich nicht, wenn sie in ihrer Muttersprache reden. Estnisch gehört zu der kleinen Gruppe der finno-ugrischen Sprachen, es ist also eng mit dem Finnischen, entfernt auch mit dem Ungarischen verwandt. Die Finnen werden deshalb auch gern als „ältere Brüder" der Esten bezeichnet; zu Sowjetzeiten waren Zigtausende von Fernseh- und Radioantennen nach Finnland ausgerichtet.

Die Letten und die Litauer müssten viel weiter gehen, um zumindest sprachlich die nächsten Angehörigen zu finden: Ihre Sprachen sind mit dem Sanskrit verwandt, einem der vielen Idiome Indiens, das ebenfalls zur indoeuropäischen Sprachenfamilie gehört. Litauisch und Lettisch bilden darin die eigene Gruppe der baltischen Sprachen. Doch gibt es kaum Übereinstimmungen im Alltagswortschatz, die beiden Sprachen haben sich im Laufe der Jahrhunderte zu weit auseinander entwickelt.

Die St. Michael-Kirche in Kaunas war einst russisch-orthodoxe Garnisonskirche

Denn Litauer und Letten haben unterschiedliche historische Wege beschritten. Zusammen gegangen sind dabei die Letten eher mit den Esten. Der Nordteil des Baltikums geriet im Mittelalter unter die Herrschaft der Ordensritter. In den Städten bestimmten deutsche Patrizier und Zünfte das Geschehen, sie gaben sich Ratsverfassungen nach lübischem oder hamburgischem Recht und schlossen sich der Hanse an. Deutsch wurde also die Sprache der Oberschicht.

Bei den Deutschbalten setzte sich die Reformation durch, wie in den meisten Ostseeländern, zu denen man enge Beziehungen pflegte, von Schweden über Dänemark bis zu den norddeutschen Hansestädten und Ländern. Es war eine Zeit der wirtschaftlichen und kulturellen Blüte, die erst endete, als der russische Zar Iwan IV., genannt „der Schreckliche", im 16. Jahrhundert das Baltikum mit Krieg überzog.

Ganz anders verlief die Entwicklung Litauens. Es stand nämlich im ausgehenden Mittelalter nicht unter Fremdherrschaft, sondern es war ein eigener Staat und nicht nur das: eine europäische Großmacht. Anfang des 15. Jahrhunderts reichte das Großfürstentum Litauen von der Memel bis zum Schwarzen Meer. Das litauische Herrscherhaus der Jagiellonen beerbte die Piasten auf dem polnischen Königsthron in Krakau – nach ihnen ist die berühmte Krakauer Universität benannt. Vilnius, die größe Stadt Litauens, versuchte, es dem königlichen Krakau mit seinen prachtvollen Kirchen und Klöstern gleichzutun, nachdem die Herrscher die Reformation abgewehrt hatten und Polen-Litauen somit katholisch blieb: Fürsten, Bischöfe und Mönchsorden bauten mehr als 200 Gotteshäuser, weshalb Vilnius auch den Beinamen „das Rom des Nordens" erhielt. Gleichzeitig ließen sich in der Stadt wie im gesamten Königreich zahlreiche Juden nieder, die in den meisten anderen europäischen Ländern verfolgt oder zumindest benachteiligt wurden. In Vilnius entstanden nicht nur viele Synagogen, sondern auch bedeutende Talmudschulen, weshalb die Stadt auch „das Jerusalem des Ostens" genannt wurde.

Allerdings polonisierten sich die litauischen Adligen und mit ihm auch die Städte. Litauisch blieb die Sprache des einfachen Volkes, wie auch weiter nördlich das Lettische und Estnische, wo die Oberschicht deutsch, nach dem Anschluss an das Zarenreich zunehmend auch russisch sprach. Erst mit dem Aufkommen des Nationalstaatsgedankens im 19. Jahrhundert erlebten die drei einheimischen Sprachen eine Renaissance. Der Gedanke, gemeinsam die nationale Freiheit zu erkämpfen, fiel aber in der inzwischen herangewachsenen intellektuellen Schicht in den drei Völkern nicht auf fruchtbaren Boden.

Auch als diese lang ersehnte Freiheit nach dem Ersten Weltkrieg kam, grenzte man sich voneinander ab. Zwar wurde eine „Baltische Union" vereinbart, doch blieb das Abkommen kaum mehr wert als das Papier, auf dem es stand. Denn die drei kleinen Staaten konnten sich nicht darauf einigen, mit wem sie gegen das bolschewistisch gewordene Russland, das aus seinen imperialen Zielen keinen Hehl machte, ein Verteidigungsbündnis bilden wollten. Letten und Esten setzten auf die Polen; das wollten die Litauer aber nicht, denn die Polen hatten Vilnius annektiert, was sie ihnen bis heute nicht verzeihen. Also blieb jeder für sich allein – und wurde 1939 nach dem Hitler-Stalin-Pakt von der Sowjetunion geschluckt. Zehntausende von Angehörigen der Oberschicht wurden damals nach Sibirien deportiert oder von der sowjetischen Geheimpolizei erschossen – was sich unauslöschlich ins kollektive Gedächtnis aller drei Völker eingebrannt hat.

Es dauerte genau ein halbes Jahrhundert, bis man zueinander fand. Es gab ein gemeinsames Ziel: aus dem Völkergefängnis Sowjetunion freizukommen. Zum 50. Jahrestag des Hitler-Stalin-Paktes am 23. August 1989 bildeten eine Million Teilnehmer eine etwa 600 Kilometer lange Menschenkette von Tallinn nach Vilnius. Die „baltische Kette" war die erste gemeinsame Tat der drei Völker von historischer Dimension – und sie manifestierte für die ganze Welt den gemeinsamen Freiheitswillen.

Diese Freiheit ist mittlerweile erreicht, die Euphorie der ersten Jahre allerdings verflogen. Man konkurrierte beim Wettlauf in die Europäische Union – mit durchaus positivem Nebeneffekt: Die drei Staaten erzielten in den letzten Jahren in ganz Europa die besten Werte beim Wirtschaftswachstum. Diese Erfolge wirkten sich auch auf die Russen in den drei Ostsee-Republiken aus: Die große Mehrheit von ihnen befürwortet nun nach anfänglichem Widerstand die Mitgliedschaft in der EU. Eineinhalb Millionen „Eurorussen" – von ihnen werden wichtige Signale nach Russland ausgehen. Den baltischen Völkern kommt also durchaus eine Schlüsselrolle bei der Gestaltung des künftigen Europas zu: Wird ihre EU-Mitgliedschaft ein Erfolg, so wird das tiefe Auswirkungen auf Russland haben. □

Thomas Urban *ist Osteuropa-Korrespondent der* Süddeutschen Zeitung. *Er lebt in Warschau.*

Offen
oder geschlossen.
Hier geht die Post ab.

Erleben Sie das neue Saab 9-3 Cabriolet.
Aus jeder Perspektive. Bis ins Detail.
Auf einer außergewöhnlichen Website.
Unter www.das-cabriolet.de

Gewinnen Sie „A Perfect Day"
mit Saab und Salomon.

Das neue Saab 93 Cabriolet

SAAB
move your mind™

Ab 32.800,– Euro. Unverbindliche Preisempfehlung der Saab Deutschland GmbH
zzgl. Überführung. Infoline: 01802 249595 (6 Cent pro Anruf), www.saab.de

Eine Stadt

Tallinn besinnt sich auf die Werte der Vergangenheit. Kühl kalkulierend in bester hansischer Tradition, pragmatisch und immer ein bisschen fixer als die konkurrierenden Hauptstädte der baltischen Nachbarländer sucht das einstige Reval mit Macht Anschluss an die EU-Standards

Text: Tibor M. Ridegh, Fotos: Gregor Lengler

Freies Spiel der Gauben und Mansarden.
Die Dachlandschaft der Unterstadt bietet
vom Domberg ein fast labyrinthisches Bild

Tallinn
Estland

will nach oben

Im Sommer blüht Tallinn auf und gönnt sich ein südliches Flair. Dann wird der Rathausplatz mit seinen Straßencafés zum städtischen Salon

Kompakter Kalkstein. Stadtmauer nahe dem ehemaligen Kloster St. Michael

Süßer Service in der Viru-Straße: Erdbeeren gefällig?

Als Johan Uexküll seinen Kopf verlor, herrschte im Hafen Hochbetrieb. Deshalb hielt sich die Zahl der Gaffer in Grenzen, die durch die Große Strandpforte stadteinwärts geeilt waren, vorbei an der Dicken Margarete, dem massivsten aller 45 Wehrtürme Revals, durch die Langstraße und über den Marktplatz zum Schmiedetor. Dort machte der Rat der Stadt nicht lange Federlesen: Uexküll, Gutsherr aus Riesenberg (Riisipere), der seinen Bauern Maddis zu Tode gequält hatte, wurde öffentlich hingerichtet.

Im Hafen pendelten an diesem 7. Mai 1535 die Leichter zwischen dem Strand und den ankernden seegängigen Schiffen hin und her, holten flandrische Tuchballen, rheinischen Wein, Lüneburger Salz und Wismarer Bier an Land und brachten russische Pelze, Wachs, livländisches Flachsgarn, Teer und Seehundstran hinaus. Hier 300 Last für Rostock, dort 200 Fässer für Visby. Die Hansestadt Reval war auf dem Höhepunkt ihrer wirtschaftlichen Blüte.

Schiffer und Hafenwärter, Reeder und Makler, Fuhrleute und Packer verhandelten, kommandierten und fluchten auf Estnisch, Schwedisch oder Russisch – und immer auch auf Platt, denn das redete und verstand hier jeder. Niederdeutsch, die Sprache der Hanse, war ein Medium der mittelalterlichen Globalisierung. Genauso wie das Lübische Stadtrecht, nach dessen auch in Reval gültigen Regeln Handel und Wandel funktionierten und der Scharfrichter den Gutsherrn Uexküll einen Kopf kürzer gemacht hatte.

Wieder ist es Mai, Johan Uexküll ist seit 468 Jahren tot, und im Park vor der Dicken Margarete explodieren die Kastanienblüten in süßem Duft. Der Abend tastet sich voran, doch das weiße nordische Licht will nicht weichen. Es macht Lust, lockt die Menschen noch immer durch die Große Strandpforte in die Langstraße und die Breitstraße Richtung Marktplatz oder Domberg – an Orte, die heute Paks Margareeta, Suur Rannavärav, Pikk, Lai, Raekoja plats und Toompea heißen. Wobei der Blick

Chevalereske Attitüden sind in der alten Kaufmannsstadt eher selten. Aber rund um den Rathausplatz ist man für alles gerüstet

Sattelfest in die neue Zeit

Mittelalterliche Mauern und russisch-orthodoxe Zwiebeltürme als historisches Erbe. Tallinns Jugend wird spielend damit fertig

hinunter aufs Pflaster und hinauf zu den Giebeln immer wieder zu beweisen scheint, dass die neuen Namen in einem halben Jahrtausend schon genug Veränderung waren.

Die estnische Hauptstadt Tallinn hat das Bild der deutsch geprägten Hansestadt Reval bewahrt, restaurierte es mit akribischer Sorgfalt und ist damit weiterhin beschäftigt. Geld wird schon kommen. Vor und hinter vielen Kulissen staubt es gewaltig, selbst jetzt noch so spät in der Pikk, wo die bauchfreie Generation EU, Pärchen und Flaneure unterwegs zu den Straßencafés und Restaurants rund um den Rathausplatz sind und vor den eingerüsteten „Drei Schwestern" einen Bogen machen. Touristen, ganz im Bann des déjà-vu und längst nicht satt vom Architekturgewürfel aus Gotik, Renaissance, Barock und Klassizismus, stehen vor den Fassaden der alten Handelshäuser und vergleichen die verzierten Tore, die Windenbalken der Lastenaufzüge, die Wetterfahnen mit denen in ihren Reiseführern.

Was in den Guides nicht zu finden ist, sind Hinweise auf die Dinge des früheren alltäglichen Lebens hinter den Mauern. Die Nachlasslisten der Mannsfeldt, von Husen, Bogemell und vieler anderer hat der Stadthistoriker Raimo Pullat in jahrzehntelanger Arbeit zusammengefügt. Die Notare des 18. Jahrhunderts registrierten u. a.:

1 Groß Kupfern Brandtweins Keßel mit 3 Pfeiffen, 1 Rigischer Schlitten nebst dem Pferde Geschirr dazu, 1 Braun gebeizt Glaß Schranken, 500 Ganze Schloß Nägel, eine Partei Bouteljen, 34 Schaafscheeren, Leibnizens kleine Schriften, Molleri andächtige Paßions Gedanken, ein schwartz und weiß Canthus Frauens Unter-Rock, 157 St. geräuchert Bockfleisch, ein unprotestirter Wechsel von Joh. Israel Gelberg. Und tausend Dinge an Gold, Silber, Krahm Wahren, an Manns Kleidern, Steinguth und Porcelän. Und 9 Immericks Einfaßungen von Kuddrußen, wozu auch immer sie ihrem Besitzer nützlich gewesen sind.

Die Pikk ist die Straße der Kaufmanns- und Handwerkergilden. „Helf Godt Allezeidt" heißt es auf einem Relief am Haus der Schwarzhäupter, der jungen unverheirateten Kaufleute, die dem Rat einst auch einen Reitertrupp stellten. 20, 30 Brüder wollten noch 1940, als die Sowjets kamen, hier aushalten, doch in jener Zeit hat Gott nicht geholfen. Die Bruderschaft – als letzte mittelalterliche Vereinigung Estlands hat sie das Haus inzwischen zur Hälfte zurückerworben und teilt es mit einem estnischen Kulturzentrum – ist heute in Hamburg eingetragen und Urmas Oolup ihr erstes und vorerst einziges estnisches Mitglied.

Urmas Oolup in der nahen Tolli 6, der früheren Zollstraße, ist der Herr der Schätze des Tallinner Stadtarchivs. Seine Sammlungen können es, aneinandergereiht, spielend mit der jetzigen Länge der Stadtmauer aufnehmen – 5,6 Kilometer an Pergament und Papier gegen 1,85 Kilometer Kalkstein, wobei Oolup vor so einem Wettbewerb seine größten Kostbarkeiten natürlich hüten würde: das älteste Originaldokument Revals, die Urkunde eines päpstlichen Legaten aus dem Jahre 1237, Pergamentkodexe des Lübischen Stadtrechts und die ältesten auf Estnisch geschriebenen Texte, Gebete aus der Zeit um 1524. Das Resumee, das der Stadtarchivar aus seinen 420 000 lateinischen, niederdeutschen, schwedischen, hochdeutschen, russischen und estnischen Schriften zieht, könnte kürzer nicht sein: „Von unseren Eroberern", sagt er, „ging nicht nur Gewalt und Unterdrückung aus, sondern auch unsere Einbeziehung in den europäischen Kulturraum."

Hier wurde hochgestapelt: Kaufmannshaus (1423) am Vanaturu kael

Hanse-Revival: Serviererin im „Olde Hansa"

Der Heilige Knut in einer Schrift der St. Kanutigilde (15. Jh.)

Wehrhaft und himmelstürmend: Geschütztürme und St. Olafskirche

Von nebenan, den „Drei Schwestern", kommt wieder Baulärm. Doch ein Ende, weiß der Stadtarchivar, ist abzusehen. Das entkernte gotische Dreier-Ensemble wird zu einem feinen Hotel umgebaut, und schon im Herbst will man die ersten Gäste empfangen. Was zu Sowjetzeiten fünf Jahre dauerte, wird heutzutage in fünf Monaten erledigt. Tallinn packt an, kühl kalkulierend und rational, in bester Hanse-Tradition.

Als nach der Unabhängigkeit der baltischen Staaten die Lenin-Monumente in Tallinn, Vilnius und Riga fallen sollten, orderten die Esten sofort einen Riesen-Kran aus Finnland. In Vilnius verteilte man 2000 Vorschlaghämmer. Die Letten aber setzten eine Planungskommission ein, wird scherzhaft erzählt. Ralph-Georg Tischer bestätigt gern die nordisch-protestantische Prägung des Tallinner Arbeitsverständnisses. „In den Köpfen der Esten ging alles schnell voran", sagt der Delegierte der Deutschen Wirtschaft in Estland, Lettland und Litauen, „und ganz sicher gibt es in Tallinn so etwas wie ein Hansebewusstsein, das Besinnen auf die westwärts gerichteten Verbindungen. Estland hat als erstes der drei Länder die Rubel-Währungszone verlassen, den Handel sofort Richtung Westen gedreht und am schnellsten Betriebe nach deutschem Treuhandmodell privatisiert. Ihre Kräfte aber wollen sie hier nicht etwa an Lettland und Litauen messen, sondern mit Finnland."

Finnland ist keine 50 Seemeilen entfernt. Wer von dort mit der Fähre anreist, hat eines der schönsten Stadtpanoramen der Ostseeküste im Visier – den massigen, steil abfallenden Kalksteinklotz des Dombergs, die wuchtigen Wehrtürme und Mauern der Unterstadt, die gotischen Spitzen und geschwungenen Barockhauben der Kirchen, den eleganten schlanken Rathausturm unten und die Zwiebeltürme der Alexander-Newski-Kathedrale oben auf dem Domberg.

Die Finnen kommen gern und in großer Zahl übers Wasser. Nicht eigentlich zum Kräftemessen, wohl aber zur Demonstration ihrer Kraft. Die Großen investieren. Seit Beginn der Marktwirtschaft führen finnische Unternehmen die Liga der ausländischen Investoren in Estland an. Die Kleinen konsumieren in den langen Nächten kurze Getränke. Sie tun das ebenfalls nach Kräften, weswegen sie hier Elche heißen. Da die Kneipen der Unterstadt locker für ein Wochenende ausreichen, kommt der Domberg im Universum der Elche nicht vor.

Wenn es an Sommerabenden ganz still ist, kann man auf dem Domberg aus den Häusern am Fuß des Felsens das Klappern von Geschirr hören. Jahrhundertelang aber hatten die hier oben und die dort unten sich nur widerwillig zur Kenntnis genommen. Reval und sein Domberg, das ist die Geschichte zweier Gemeinwesen, ach was: Welten. Die Unterstadt, schon unter dänischer Herrschaft im 13. Jahrhundert von deutschen Kaufleuten und Handwerkern besiedelt und Mitglied der Hanse, genoss alle Freiheiten einer Stadtrepublik. Auf dem Domberg hatten sich der Bischof und die Ritterschaft etabliert, die auf den Gütern draußen im Land das Sagen hatte. Dass Estland dann schwedisch und schließlich russisch wurde, hat Bürgerschaft und Nobilität nicht weiter irritiert. Man wahrte seine Privilegien, und die Strukturen der deutschen Machtstellung erhielten sich bis zum Ersten Weltkrieg.

Viele Esten sprechen erstaunlich wohlwollend über die einstigen Herren. Auch Mati Sirkel. „Die Sowjets haben die deutschen Sünden vom Tisch gefegt," sagt der Vorsitzende des estnischen Schriftstellerverbands, und hinüberblickend zum Domberg fügt er hinzu: „Und im Übrigen ist das deutsche Gesicht Tallinns auch mein Erbe."

Bis heute gibt es nur drei Wege zum Domberg. Die Straßen dort oben sind kurz und krumm, die Kirchen und Villen prächtig und stattlich. Wie eine fette Glucke hockt die russisch-orthodoxe Kathedrale über dem südlichen Rücken. Ihr Kontrapunkt im Norden ist der protestantische Dom, und seine Mauern sind übersät mit mehr als 100 Wappenepitaphen des deutschbaltischen Adels. Die Sowjets wagten nicht, sich daran zu vergreifen, aber jetzt werden die Schilde nach und nach abgenommen. Zur Aufarbeitung. Schmale Gassen führen zu den zwei Aussichtsterrassen.

Die Diele als Visitenkarte: Kaufmannshaus in der Lai-Straße 29

Erholung von der Altstadt: Park an der westlichen Stadtmauer

Tallinn öffnet sich: Der Blick geht auf das Stakkato der roten Dächer eng gedrängter, spitzgiebeliger Häuser und weit über Ostsee und Stadt. Unten klappern die Salatschüsseln wie seit je, und der ferne Kranz grauer Satellitenstädte wird gnädig vom vielen Grün verdeckt.

In den Repräsentationsbauten des Dombergs sitzen Parlament, Ministerien und Botschaften, was der Staat haben wollte, hat er bekommen. Wo ein Stadtpalais frei ist oder renoviert wird, steht meistens auch eine große Tafel: „Müüa luksuskorterid – Verkauf von Luxusapartments". Vor einem der Anwesen weht die blaue Sternenfahne der Europäischen Union, die mit ihrem Acquis communitaire so etwas Ähnliches wie das Lübische Stadtrecht installieren will. Schon angekommen in Tallinn, fast.

„In Tallinn nutzen die Eliten die vielen Freiheiten, die ihnen der liberale ‚Nachtwächterstaat' heute gewährt", sagt Ralph-Georg Tischer. „Noch machen sie, was sie wollen. Wenn Estland der EU angehört, kann Brüssel intervenieren. Und auch Lernprozesse werden dann beschleunigt." Die Tallinner sind IT-verrückt, nach einer Statistik der Staatsbank rangieren sie in der Internet-Nutzung gleich hinter Schweden und Finnland und weit vor Deutschland. „IT und Biotech sind hier zwar politisch erwünscht", so der Wirtschaftsexperte, „man sollte aber nicht allein darauf setzen. Das traditionelle estnische Kerngeschäft sind Holzverarbeitung, Möbelindustrie und der Transithandel. Natürlich sind die Erwartungen an deutsche Investitionen hoch, doch Estland hat eine Randlage und der Markt ist klein. Nicht jeder kann BMW kriegen. Es sind deutsche Mittelstandsunternehmen, die hier viel geleistet haben."

Die Wirtschafts- und Kulturgemeinschaft, in die Tallinn zurückgekehrt ist, hat heute viele Namen. Bezog die mittelalterliche Hanse ihre Faszination aus der Weltoffenheit, dem Wagemut, dem innovativen und multikulturellen Denken ihrer Mitgliedsstädte, so hob der 1992 gegründete Ostseerat die Beziehungen der zehn Ostseeanrainer auf eine politische Ebene. Die eigentliche „neue Hanse" aber, die weit über die Baltic Sea Chamber of Commerce mit ihren 51 Kammern hinausgeht, gewinnt ihre Kraft aus einem inzwischen dichten Netzwerk vieler Organisationen. Sie treiben Energieverbünde und Verkehrsprojekte ebenso voran wie die Agenda 21 oder multilinguales Fernsehen.

Darüber weiß der Besucher Tallinns wenig. Doch er genießt und teilt mit den Tallinnern die neuen Freiheiten von Konsum und Warenverkehr. Wie zu Hansezeiten. An der Vene 6 führt ein Tor zu Hofgebäuden aus dem 14. Jahrhundert und in einen Gewölbekeller, wo einst Waren und Vorräte lagerten, heute aber Schmuck in eleganten Glasvitrinen beleuchtet wird. Der Architekt Jaan Pärn, Designer vieler dieser schönen Dinge, hat den Hofkomplex vor dem Verfall gerettet. Es entstand der gemeinnützige „Meistrite Hoov", der Hof der Meister, mit Ateliers und Gastwohnungen für Künstler, mit Galerien und Cafés. Hier sind estnische Meisterstücke zum Exportschlager gereift.

Im späten Mittelalter hatte die Kunst den umgekehrten Kurs genommen. Die Lübecker Werkstatt von Bernt Notke, dem Bildschnitzer und Maler der Spätgotik, lieferte um 1500 für die Revaler Nikolaikirche den berühmt gewordenen „Totentanz" mit Szenen von der Gleichheit aller Sterblichen im Angesicht des Todes.

Mit der Vergänglichkeit kann man derzeit in Tallinn, dem Maschinenraum der estnischen Prosperität, keine Punkte machen, mit der Vergangenheit aber immer. Die ist manchmal auch lustig. Bei Bänkelliedern und Minnegesang in der „Olde Hansa" am Alten Markt, einem netten, mittelalterlich gestylten Lokal, wo kostümierte Mädchen in Steinkrügen Bier servieren. Gewürzbier, gebraut nach Geheimrezepturen aus der Hansezeit, also hat schon Johan Uexküll davon getrunken. Mit Behagen verfällt man beim zweiten Krug, spätestens, in Phantastereien. Noch eins! Dieses Bier sollten die Tallinner unbedingt exportieren. □

Tibor M. Ridegh, *Jahrgang 1947, ist Mitglied der* MERIAN-*Redaktion.*
Gregor Lengler, *1959 geboren, ist freier Fotograf in Hamburg. Er fotografierte auch die Insel Saaremaa (S. 68).*

Auf ganz eigene Art

Sie sind Spurensucher und Vorbilder. In der Musik wie in der Literatur, im Denkmal- oder Umweltschutz. MERIAN stellt sieben baltische Künstler und Kenner vor und umreißt das Terrain, auf dem sie sich ideenreich und zielbewusst bewegen

Text: Kai-Uwe Scholz, Fotos: Peter Hirth

FINNCONNECTION
Mit keinem seiner Nachbarländer ist Estland so eng verbunden wie mit dem rund 80 Kilometer entfernten Finnland. Die Finnen sind Haupthandelspartner; ein Drittel der estnischen Exporte gehen dorthin. 56 Prozent aller ausländischen Besucher in Estland kommen aus Finnland (2002: mehr als 1,8 Millionen) – auch aus sehr profanen Gründen: Tabakwaren, alkoholische Getränke und der Friseur sind für sie preisgünstig. Der finnische Botschafter in Tallinn residiert in einem der imposantesten Gebäude auf dem Domberg. Den wirtschaftlichen entsprechen ebenso gute kulturelle Beziehungen. Jaan Kross, der bekannteste lebende Schriftsteller Estlands, ist zum Beispiel Ehrendoktor der Universität Helsinki. Und die Geschwister Tali haben mit ihrem Symphonieorchester das gute Verhältnis zum Partner an der gegenüber liegenden Ostseeküste um eine musikalische Facette bereichert.

Kadri und Anu Tali
Gründerinnen des Estnisch-Finnischen Symphonieorchesters

„Zwischen Estland und Finnland liegt nur ein Stück Ostsee", sagt die estnische Dirigentin Anu Tali. „Von Tallinn nach Helsinki braucht man mit der Schnellfähre gerade mal anderthalb Stunden", ergänzt ihre Schwester Kadri. Über den Finnischen Meerbusen hinweg haben die Zwillinge, Jahrgang 1972, zwischen den beiden Hauptstädten eine Brücke der besonderen Art geschlagen.

Esten und Finnen verstehen sich gut – buchstäblich! Da ihre Sprachen eng miteinander verwandt sind, hatten die Esten auch zu Sowjetzeiten Anschluss an die westliche Welt: Sie konnten dem finnischen Fernsehen folgen. Nach der Wiedererlangung der estnischen Unabhängigkeit entwickelte sich aus der kulturellen Nähe eine enge Kooperation. Und als Finnland 1997 seinen eigenen Unabhängigkeitstag beging, wollten die Esten mit Musik gratulieren – was weitreichende Folgen hatte.

Geplant war ein symphonisches Geburtstagsständchen unter der Ägide von Anu und Kadri Tali. Musikern und Publikum machte das Zusammenspiel dann so viel Spaß, dass sich aus dem Event unversehens eine Institution entwickelte – das Estnisch-Finnische Symphonieorchester. Rund 90 Musiker trommeln die Tali-Twins mittlerweile fünfmal im Jahr zusammen. Kadri organisiert, Anu dirigiert. Längst besteht das Orchester nicht mehr nur aus Esten und Finnen, sondern aus Angehörigen von 15 Nationen, und längst hat es sich ein internationales Publikum erobert. – Ein Brückenschlag weit über die Ostsee hinaus.

VOGELFREI UND BÄRENSTARK
In vielen abgelegenen Gegenden des Baltikums sind Natur und Umwelt auch in der Sowjetzeit von menschlichen Eingriffen verschont geblieben. Manche dieser Gebiete werden heute behutsam für den Ökotourismus erschlossen. In Estland stehen zehn Prozent der Landesfläche unter Naturschutz, in Lettland fast 14 Prozent. Der 1993 gegründete Soomaa-Nationalpark zwischen Pärnu (Pernau) und Viljandi (Fellin) umfasst auf rund 370 km² einen großen Teil der einzigartigen, im Frühjahr regelmäßig überfluteten Moorgebiete Zentral-Estlands. Hier leben zahlreiche seltene Vögel wie Birkhahn, Schwarzstorch und Steinadler. In Estland soll es insgesamt 222 Vogelarten, rund 300 Wölfe, 500 Bären und 500 Luchse geben.

Aleks Linniks
Naturkundler

„Euer Humboldt war fantastischer Mensch", sagt Aleks Linniks in gebrochenem Deutsch. Und verrät seinen größten Wunsch: Irgendwann einmal möchte der freundliche Rauschebart, der im estnischen Nationalpark Soomaa lebt, auf den Spuren des berühmten Naturforschers durch Südamerika reisen – und Schmetterlinge fangen.

Mit neun Jahren hatte Aleks ein Buch über Falter geschenkt bekommen. Im Grau des sozialistischen Alltags tat sich plötzlich eine bunte Welt auf. Fortan hatte der Lehrersohn, 1947 in einem kleinen Dorf in der Westukraine geboren, nur noch Schmetterlinge im Kopf. Mit einer Ausnahme: Mit 25 verliebte er sich in eine schöne Estin. Da hatte er auch welche im Bauch.

Die Liebe zog den studierten Zoologen in das Ostseebad Pärnu (Pernau). Linniks heiratete, wurde Vater – und fand einen Job als Naturkundler am Museum der Stadt. Die Liebe zu den Faltern ließ ihn nicht los. Alsbald lebte er wieder allein, allerdings von Schmetterlingen umgeben. Rund 7000 Exemplare hat er für Studienzwecke fein säuberlich auf Nadeln gespießt und in Glaskästen geordnet. Noch mehr Freude jedoch hat er an Lebendigem. Wer in Soomaa nicht nur Kanufahren oder Einbaumschnitzen lernen will, den weiht Aleks in die Geheimnisse von Flora und Fauna ein. Dem flatternden Inventar des Parks gilt natürlich seine besondere Aufmerksamkeit: Rund 30 Arten von Tagfaltern gibt es im Nationalpark – und über 200 Nachtfalter.

Seit 1999 lebt Aleks sommers wie winters in Soomaa. Seine Behausung: eine bescheidene Hütte ohne Strom und fließend Wasser, dafür mit Kamin, Petroleumlampen und dem Fluss Raudna gleich vor der Tür. Vor dem Fenster hängen Funde und Fänge: kleine Flaschen und getrocknete Hechtköpfe. „28 Hechte habe ich allein im letzten Jahr geangelt", sagt der Einsiedler, dem die umgebende Natur Studienobjekt und Lebensgrundlage zugleich ist. Für Gäste in Soomaa heizt Aleks Linniks auch gern seine Rauchsauna an. Interessierten Besuchern steht sein Haus zu jeder Zeit offen. – Es sei denn, er hat sich tatsächlich auf Humboldts Spuren begeben.

Jurga Ivanauskaitė
Schriftstellerin

Oft reichen rote Haare, um als Hexe verschrien zu sein. Bei der litauischen Autorin Jurga Ivanauskaitė kam noch ein Buch hinzu: In ihrem Roman „Die Regenhexe" lässt sie drei Frauen aus unterschiedlichen Jahrhunderten über ihre Liebesgeschichten berichten, mit denen sie die jeweiligen gesellschaftlichen Tabus und Schranken durchbrachen. Als das Buch 1993 herauskam, war in Litauen fürwahr der Teufel los. Die 1961 in Vilnius geborene Tochter eines Malers hatte den ersten Literaturskandal der jungen Republik ausgelöst.

Vor allem die Tatsache, dass in dem Roman in ungewohnter Freimütigkeit das sexuelle Leben eines Priesters beschrieben wird, war zu viel für das katholische Land, das in den Jahrzehnten der sowjetischen Gängelung von modernen Entwicklungen abgeschnitten war. „Ich wurde als Hexe gebrandmarkt", sagt Jurga Ivanauskaitė. Eiferer riefen nach einem Verbot des Buches. Zwar wurde in der eben erst erkämpften Demokratie zugunsten der künstlerischen Freiheit entschieden, doch die Autorin ist regelrecht geflohen. Auf den Spuren von Hermann Hesse reiste sie nach Indien, traf den Dalai Lama und entdeckte den Buddhismus für sich. Die Erfahrungen des bis 1998 dauernden Aufenthalts verarbeitete sie in Reiseberichten und Sachbüchern. „Die Regenhexe" ist nach estnischen, lettischen und russischen Übersetzungen auch auf Deutsch erschienen, und Jurga Ivanauskaitė gilt als eine der bedeutenden Schriftstellerinnen des Landes. Doch weitere Konflikte sind vorprogrammiert: In ihrem literarischen Schaffen will sie sich nun den gesellschaftlichen Brüchen und Verwerfungen im Litauen von heute widmen.

LITAUISCHER LESEHUNGER
Jahrhundertelang zu Polen gehörig und wiederholt von fremden Mächten besetzt, hatte Litauen es schwer, eine eigene Nationalliteratur zu entwickeln. Das erste Buch in der Landessprache, ein Katechismus, wurde 1547 in Königsberg gedruckt. Als „Nationalepos" gilt die Versdichtung „Die Jahreszeiten" von Kristijonas Donelaitis, erschienen 1818. Die 100 Jahre später erlangte Unabhängigkeit bescherte der litauischen Literatur nur eine kurze Blüte.
Doch durch die Emigrationswelle am Ende des Zweiten Weltkriegs entstand vor allem in den USA eine lebendige Exilliteraturszene, während in Sowjetlitauen sechs staatliche Verlage Bücher systemfreundlicher Autoren unters Volk brachten. Nach 1990 ließ der aufgestaute Lesehunger die Zahl der Verlage auf einige hundert emporschnellen, Mitte der Neunziger wurden rund 3000 neue Bücher pro Jahr in hohen Auflagen auf den Markt gebracht. Heute publizieren etwa 100 Buchverlage jährlich bis zu 5000 Titel.

DAS GOLD DER OSTSEE

Bernstein ist erhärtetes Harz fossiler Nadelbäume und – aus dem Tertiär und dem Kreidezeitalter stammend – viele Millionen Jahre alt. Durch Einlagerung verschiedener Stoffe treten neben Gelbbraun auch grüne, blaue, schwarze und weiße Färbungen auf. Besonders wertvoll sind Stücke mit so genannten Inklusen – Einschlüssen von Pflanzenteilen, Insekten oder Spinnen. 90 Prozent des globalen Bernsteinvorkommens – zwischen 600 und 800 Tonnen pro Jahr – werden in Jantarny, dem früheren Palmnicken bei Königsberg, gefördert. Bernsteinmuseen gibt es im mecklenburg-vorpommerschen Ribnitz-Damgarten und im litauischen Badeort Palanga. Dort wird eine erlesene Auswahl aus einem Fundus von rund 25 000 Stücken präsentiert.

Kazimieras Mizgiris
Bernsteinfischer und Lichtbildkünstler

Eigentlich ist er Fotograf. Geboren 1951 in einem kleinen Dorf bei Šilutė (Heydekrug) am Kurischen Haff, zog Kazimieras Mizgiris nach dem Studium nach Nida (Nidden) – gleich gegenüber auf der Kurischen Nehrung. Inmitten der einzigartigen Dünenwelt widmete er sich intensiv der Akt- und Landschaftsfotografie.

Das war in den siebziger und achtziger Jahren. „Bernstein sammelte ich damals nur nebenher", erzählt der litauische Memelländer, „doch nach 1990 war Bernsteinschmuck plötzlich sehr viel gefragter als Fotokunst. Kurz entschlossen richtete Mizgiris seine Galerie als Museum für das „Gold des Meeres" ein, stellte seine schönsten Funde aus und bot kleinere Stücke zum Kauf an. Mit diesem Konzept seiner Museumsgalerie hatte er großen Erfolg, konnte 1995 auch noch ein Künstlerhaus eröffnen und drei Jahre später eine Filiale in Vilnius.

Dort und in Nida sind auch die wunderschönen Bildbände von Mizgiris ausgestellt. Haupteinnahmequelle ist jedoch der Verkauf modern gestalteten Bernsteinschmucks geworden. Bei rund 20 Juwelieren im In- und Ausland lässt er arbeiten, 17 Angestellte beschäftigt er für Präsentation und Verkauf. Man kann Kazimieras Mizgiris inzwischen als erfolgreichen Geschäftsmann bezeichnen. – Fotos macht er jedenfalls nur noch nebenher.

Imants Lancmanis
Museumsdirektor

Überall bröckelte der Putz, das Interieur war verschwunden, die Parkanlagen kaum noch zu erkennen: Vor 40 Jahren war das Schloss Rundāle (Ruhenthal) in der südlettischen Landschaft Semgallen in einem trostlosen Zustand. Dass der frühere Sommersitz des kurländischen Herzogs Ernst Johann Biron aus dem 18. Jahrhundert heute wieder in alter Pracht erstrahlt, ist Imants Lancmanis zu verdanken.

Lancmanis studierte Malerei in Riga, als er 1964 gefragt wurde, ob er die Betreuung des verfallenden „lettischen Versailles" übernehmen wolle. Schon als Kind hatte sich der 1941 geborene Künstler für Burgen und Schlösser begeistert – und sagte daher spontan zu. Doch was als Nebenjob gedacht war, wurde zur Lebensaufgabe.

Raum für Raum wurde die von dem berühmten Baumeister Bartolomeo Francesco Rastrelli geschaffene Residenz restauriert, ausgemalt und eingerichtet. Ganz abgeschlossen sind die Arbeiten noch immer nicht. Doch werden hier neben Tausenden von Touristen inzwischen wieder gekrönte Häupter und andere Staatsgäste empfangen. Für sein Wirken wurde Lancmanis auch mit dem Verdienstkreuz der Bundesrepublik Deutschland ausgezeichnet.

Im Rosensaal des Schlosses kann man sich davon überzeugen, dass der Schlossdirektor bei allem denkmalpflegerischen Engagement seine künstlerischen Fähigkeiten nicht verloren hat: Die so genannten Supraporten, die Schmuckfelder über den Türen, hat Imants Lancmanis gemalt.

SCHLÖSSER OHNE HERREN
Politische Denkmalpflege: Jahrzehntelang lag das Schloss Rundāle (Ruhenthal) im Dornröschenschlaf. Durch den Hinweis darauf, dass es sich bei dem Schloss um ein Werk des Architekten der großen Zarin Katharina II. handelt, ließ sich auch zu Sowjetzeiten in Moskau Geld locker machen. Einige Millionen Rubel wurden investiert. Den Landsitzen der früheren deutschen Gutsbesitzer wurde weniger Pflege zuteil; von einstmals rund 1000 sind nur noch etwa 300 vorhanden. In der umittelbaren Umgebung lassen sich zum Beispiel die Schlösser in Mežotne (Mesoten) und Kaucminde (Kautzemünde) besichtigen. Mit einer Serie von Monographien über diese und andere Gutshäuser hat Imants Lancmanis begonnen, ein umfassendes Bestandsverzeichnis zu erarbeiten.

Marija Naumova
Sängerin

„Ein Fototermin für MERIAN?" Marija Naumova ist begeistert. Besonders der Titel des Magazins gefällt ihr. „Man braucht nur die Buchstaben E und A zu vertauschen, dann hat man meinen Künstlernamen: Marie N!"
2002 gewann Marie den Grand Prix d'Eurovision. Doch ist sie alles andere als ein Schlagersternchen. Ursprünglich wollte die 1973 in Riga geborene Tochter russischer Eltern, eines Psychologen und einer Schauspielerin, als Justitiarin in einem internationalen Unternehmen arbeiten. In ihrer Heimatstadt absolvierte sie ein Jurastudium, spricht außer Russisch perfekt Lettisch, Englisch und Französisch. Gesungen hat sie schon immer gern. „Und ich mag es, auf der Bühne zu stehen", bekennt Marie. 1997 wurde die Hobby-Sängerin vom Komponisten und Ex-Kulturminister Raimonds Pauls entdeckt und für ein Gershwin-Festival verpflichtet. 1999 trat sie zusammen mit dem legendären Sänger Robertino Loreti auf, im Jahr darauf ging sie mit Joe Cocker in Lettland auf Tour.
Inzwischen hat Marie sich musikalisch emanzipiert. Bereits ihr Debüt-Album „Look into the eyes" enthielt Songs, die sie geschrieben hat, und auch ihr preisgekröntes Chanson hat sie selbst komponiert. Die besten Einfälle kommen der Sängerin, wenn sie unter der Dusche steht. Blitzschnell greift sie dann zum Diktaphon, um die Melodien festzuhalten. „On a journey" heißt ihr 2002 erschienenes Album.
Marie N hat sich aufgemacht, die Musikwelt zu erobern. ☐

Kai-Uwe Scholz, *1961 geboren, lebt als Redakteur und Autor in Hamburg.*
Peter Hirth, *Jahrgang 1960, ist freier Fotograf in Leipzig.*

LETTEN-POP
Mit Marie N tauchten auch die baltischen Länder auf der Landkarte der europäischen Pop-Musik auf. Gruppen wie Brain Storm aus Lettland oder Ruffus aus Estland bekamen plötzlich auch in Mittel- und Westeuropa einen Klang. Als Marie N und Renars Kaupers, Leadsänger von BrainStorm, im Jahr 2003 den Grand Prix in Riga moderierten, hatte das Baltikum zwei Pop-Ikonen. Marie N, die im Rigaer Club Vernissage in der Terbatas-Straße ihre ersten Erfolge feierte und Nora Johnson, Sade und Shakatak als Vorbilder nennt, wurde in Lettland 2002 zur Europäerin des Jahres ernannt. Baltische Pop-Stars haben es schwer: 10 000 verkaufte CDs gelten in ihren Heimatländern schon als Erfolg.

Bundesrepublik Deutschland
Finanzagentur GmbH

Ihr Mann träumt davon, auf Fotosafari zu gehen.
Dann können Sie ihm Brehms Tierleben kaufen.
Oder eine Expedition ins Tierreich buchen.

Wer jetzt oder später viel vorhat, sollte sich finanziell rechtzeitig darauf einstellen. Bundeswertpapiere sind dafür genau die richtige Geldanlage – und noch mehr. Sie können damit kurz-, mittel- oder langfristige Ziele verfolgen, Anschaffungen planen, die Ausbildung sichern und fürs Alter vorsorgen – monatlicher Auszahlungsplan inklusive. Mehr Informationen jetzt unter 069/95114269 oder per Coupon.

Bundesschatzbriefe: Anlage mit 6 bis 7 Jahre steigenden Zinsen.
Finanzierungsschätze: Anlage mit 1 oder 2 Jahre festgelegten Zinsen.
Bundesobligationen, Bundesanleihen, Bundesschatzanweisungen:
Börsennotierte Wertpapiere mit unterschiedlichen Laufzeiten, festgelegten Zinsen und garantiertem Rückzahlungswert.

Bitte schicken Sie mir kostenlos ausführliche Informationen. Informationsdienst für Bundeswertpapiere, Lurgiallee 5, 60295 Frankfurt/M., Fax: 069/95114160, Mail: bwp@deutsche-finanzagentur.de

Name

Straße

PLZ, Ort

Weitere Informationen zu Bundeswertpapieren: automatischer Ansagedienst 069/95114159, Faxabruf aktuelle Konditionen 069/257020010, Faxabruf Kurse & Renditen 069/257020012. Oder bei der Bundeswertpapierverwaltung: Service-Center 06172/108222 oder 030/6903 4222, Service-Computer 06172/108930 oder 030/69034930.

Wer will, der kann. Bundeswertpapiere.

www.bundeswertpapiere.com

Text: Petra Mikutta, Fotos: Marc-Oliver Schulz

Glaube, Gebete und Barock: Unsere Autorin erlebte einen päpstlichen Vorposten im protestantischen Baltikum. Eine Stadt der Heiligen, der Bittgänger und der Prozessionen. Der silbernen Herzen und der Stadtansichten in Acryl

Bastion im hohen Norden

Geistliche Mitte und touristische Attraktion: Kathedrale und Glockenturm

Lenin und Trompetenengel: Spiegelungen im Künstlerviertel Užupis

Keine Straße ohne Kirchturm: die Didžioji-Straße im Herzen der Altstadt

Der gekreuzigte Christus hängt am Eingang, und 40 schmale Steinstufen führen zur Barmherzigen Muttergottes des Aušros-Tors. Seit der litauischen Unabhängigkeitserklärung am 11. März 1990 sind weit über 100 000 Gläubige hierher gepilgert, 1993 sogar der Papst. Der Lack der Jesusfigur ist bis zur gelben Grundierung abgeküsst.

Die wegen ihrer Hautfarbe auch Schwarze Madonna genannte Heilige ist ein 400 Jahre altes Wunder. Müde senkt sie das Haupt und schaut zu Boden, als habe sie alles Böse gesehen und alles und jedem verziehen: allein im 20. Jahrhundert den Polen, die Vilnius (Wilna) 1922 mit Gewalt ihrem Land einverleibten, dann zweimal den Sowjets, die Litauen 1940 bis 1941 und wieder 1944 bis 1990 besetzten, und den Nazis, die zwischen 1941 und 1944 fast alle der 200 000 Juden in Vilnius ermordet haben, nur 3000 von ihnen überlebten.

Die Kapelle ist nicht größer als eine Garage. Rund 8000 Geheilte und Getröstete haben sich mit Herzen und Skulpturen aus Silber bedankt und den Ort mit ihren Gaben in eine Schmuckschatulle verwandelt. Die Betenden würdigen die Pracht nur flüchtig, ihre Blicke sind nach innen gekehrt.

Keine zehn Meter von der heiligen Jungfrau entfernt hat in aller Unschuld ein Dessousladen eröffnet. Und gleich links, in einem Hinterhof, schnitzt Jonas Bugailiškis unheilige Gartengötzen und Hausgeister. Bis heute sind Litauer stolz darauf, dass sich Fürst Mindaugas, Gründer des litauischen Staats, erst

Für Christus und Franziskus: Auf dem Platz vor der Kathedrale formiert sich die Fronleichnamsprozession

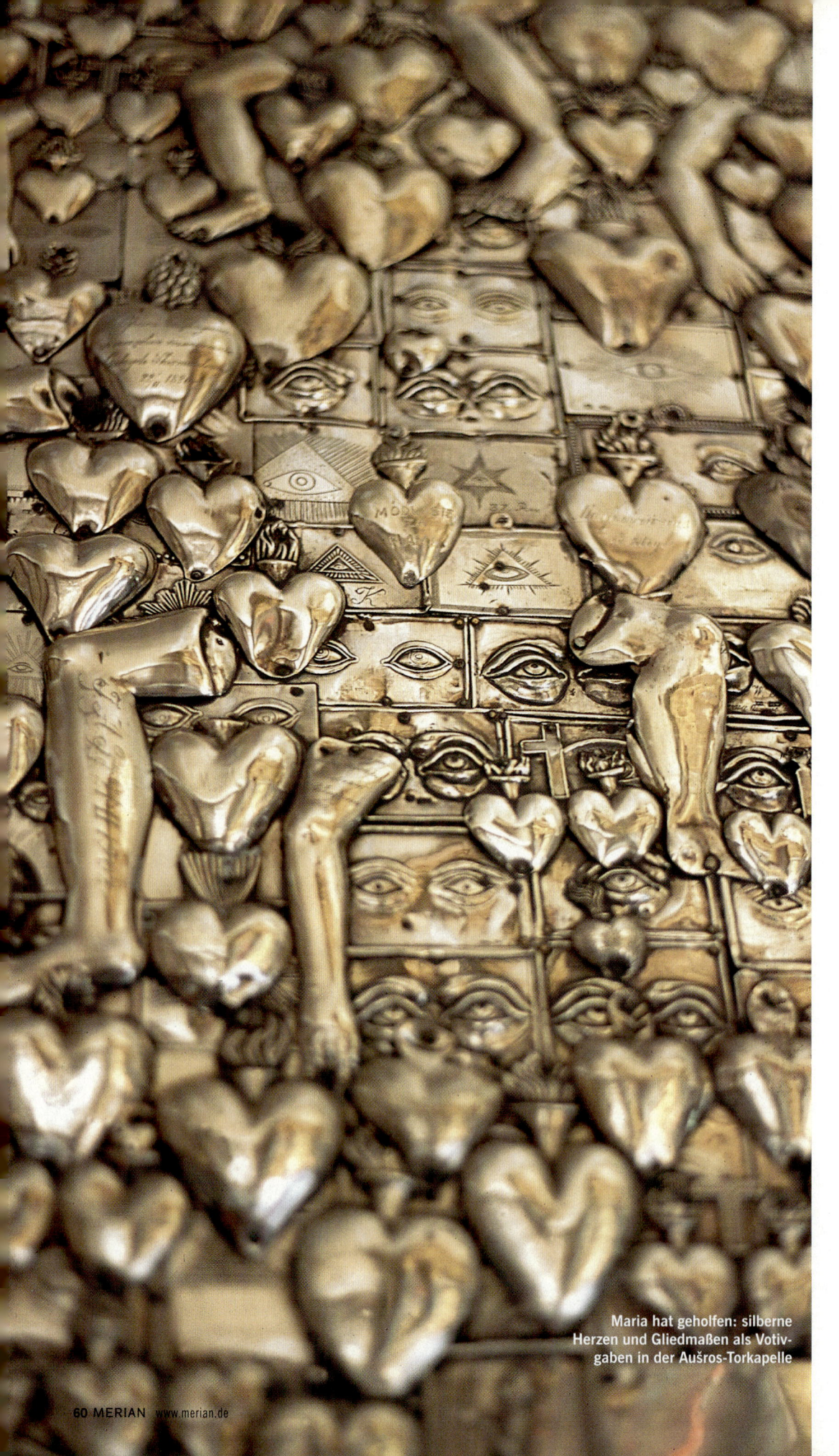

Maria hat geholfen: silberne Herzen und Gliedmaßen als Votivgaben in der Aušros-Torkapelle

Pilgerziel der Beladenen: die Dunkle Madonna ohne Kind in der Aušros-Torkapelle

Kirchen fürs Wohnzimmer: In der Altstadt von Vilnius gibt es rund 40 Motive

Filigraner Gottesdienst in Backstein: die Kirche St. Anna

1251 taufen ließ – die Litauer waren die letzten Heiden Europas. Bis heute pflegen sogar gläubige Katholiken noch heidnische Bräuche.

Vilnius ist eine Barockstadt. An Kirchenwänden ranken goldene Rosen in den Wolkenhimmel; bissige Löwenhunde wachsen aus Wänden heraus; lieblich lächelnde Flügelwesen schweben an Sterbenden vorbei. 1994 hat die Unesco die Altstadt mit ihren über 40 überwiegend barocken Kirchen zum Weltkulturerbe erklärt.

„Welches ist Ihre Lieblingskirche, Saulius?" Saulius Vaitiekūnas, Künstler und 1953 in Vilnius geboren, steuert den alten Volvo Kombi durch die holperigen Kopfsteingassen der Altstadt, als seien sie Landstraßen. Links und rechts pastellfarbene zwei- und dreigeschossige Häuser, die Fenster im Erdgeschoss so niedrig, dass der Himmel von dort wohl unsichtbar bleibt.

„Vielleicht Peter und Paul?", wiederhole ich meine Frage. Diese Kirche ist wegen ihrer Stuckfiguren (rund 2000) die berühmteste der Stadt. „Nein, zu touristisch. Vielleicht St. Katharina", antwortet Vaitiekūnas und parkt den Wagen direkt davor. Klein, dick und schlicht, 230 Jahre alt und wegen Renovierung geschlossen. Frisch gestrichen, könnte sie das Schmuckstück einer bayerischen Seelengemeinde sein. „Warum diese?" Er wirft einen langen Blick auf die beiden Glockentürme und ihre schwarzen Häubchen und sagt: „Weil ich sie jeden Tag sehe." St. Katharina liegt gegenüber seiner Galerie.

Saulius Vaitiekūnas, bis 1989 Anwalt, hat immer in Vilnius gelebt.

Ein Ort voller Poesie: Hinterhof in dem alternativen Künstlerviertel Užupis

Heute ist er Bildhauer: Aus alten Mühlsteinen hat er Rosenkränze gestaltet, zerbrochene Uhrwerke zu einem haushohen Phallus aufgetürmt. Saulius will mit seinen Werken der Zeit Denkmäler setzen. „Meine Kunst kann nur in Vilnius entstehen", sagt er. Und meint: in der baltischen Hauptstadt des Barock.

Kunst sind für die jungen Frauen mit roten Apfelbäckchen oder Ring in der Augenbraue auch die Stadtansichten, die sie in Acryl, Öl oder als Aquarell malen und in der Fußgängerzone, der Pilies gatvė, zum Kauf anbieten. St. Johannes im Universitätsgelände und die Annenkirche sind die beliebtesten Motive in der Freilichtgalerie. St. Anna als Aquarell im DIN-A 3-Format kostet umgerechnet rund 150 Euro.

Als Napoleon 1812 mit 600 000 Soldaten auf seinem Russlandfeldzug in Vilnius Halt machte, war er von St. Anna so hingerissen, dass er sie auf dem Rückweg am liebsten „auf der Handfläche nach Paris" getragen hätte, so die Chronik. Nicht einmal 40 000 Soldaten kehrten nach Vilnius zurück, wo Tausende verhungerten und erfroren. Im Stadtteil Žirmūnai, etwa zwei Kilometer nördlich von St. Anna, graben Archäologen zurzeit immer neue Massengräber aus.

In der letzten Schleife der Vilnia, bevor sie ein paar 100 Meter weiter in die Neris mündet, liegt Užupis, der Stadtteil „über dem Fluss". Hier leben vor allem Künstler, dazu eine Handvoll Yuppies, auch der 35 Jahre alte Bürgermeister Artūras Zuokas. Am 1. April 1997 haben die 2000 Bewohner den Stadtteil zur Republik ausgerufen. Der Staatsakt war ein barockes Fest, wie es überall in der Stadt, in jeder Bar zu fast jeder Uhrzeit gefeiert wird: Bier und Wodka fließen in Strömen, es wird getanzt, viel geraucht, viel gelacht und manchmal auch geweint. In der Verfassung Užupis' steht unter anderem, dass jeder Einwohner das Recht habe, unglücklich zu sein und missverstanden zu werden.

Der PR-Gag hat funktioniert: Touristen schließen Užupis in ihren Rundgang ein. Die Stadt und private Investoren sind in Geberlaune. Bars und Restaurants, Galerien und Wohnhäuser putzen sich heraus. 2001 hat der Dalai Lama die Republik besucht. Er stand auf dem Marktplatz und lächelte zu einem gigantischen weißen Ei hinauf, das auf einer Säule lag. Im Jahr darauf schlüpfte daraus der Trompetenengel, der bis heute fröhlich auf die umliegenden bewohnten und unbewohnten, die restaurierten und verfallenden Ruinen aus dem Mittelalter herunter bläst.

„Welches ist Ihre Lieblingskirche, Herr Zuokas?" Der im November 2000 gewählte Bürgermeister lehnt sich nach vorn und schaut aus dem Fenster seines Büros an der Haupteinkaufsstraße der Stadt, dem Gedimino-Prospekt. Er sieht, was die meisten Einwohner sehen, die nicht im Erdgeschoss leben: Bäume, Kirchtürme und eine Baustelle.

Artūras Zuokas, studierter Journalist, Vogelkundler und ein barocker Mensch in blauem Maßanzug, bringt Zuhörer zum Jubeln, wenn er bei Kundgebungen auf dem Rathausplatz Sätze sagt wie: „In Vilnius sind die Entfernungen klein, sowohl zwischen Orten als auch zwischen Menschen." Im Jahr 2002 wurde er von der *Junior Chamber International* mit dem Titel „*Outstanding Young Person of the World 2002*" geehrt, und man munkelt, er habe durchaus Chancen als zukünftiger Landesvater.

Staatsmännisch ignoriert Zuokas die Frage nach der Lieblingskirche und erzählt stattdessen von den 40 043 Touristen, die im Sommer 2002 die Stadt besucht haben, und von der Hoffnung auf mindestens 30 Prozent Steigerung in den folgenden Jahren. Und es scheint ihm auch wichtiger, dass nur noch 14 Prozent der Kinder nachmittags zur Schule gehen müssten, weil es der Stadt gelungen sei, mehr Unterrichtsräume zur Verfügung zu stellen.

„In gewisser Weise ist es gut, dass wir zu wenig Geld haben. So können wir unsere Stadt wenigstens nicht kaputt sanieren. Zu viel Perfektion zerstört nur die Atmosphäre. Ein wenig Verfall ist gut", sagt Zuokas. Und, nein, er habe keine Lieblingskirche, er liebe alle gleichermaßen. □

Petra Mikutta ist Chefredakteurin für Kindermagazine. Sie lebt in Berlin und Hamburg.
Marc-Oliver Schulz, Jahrgang 1962, ist freier Fotograf in Hamburg.

Text: Axel Freiherr von Campenhausen

Was blieb, ist die geistige Heimat

Gutshof „Unter den Eichen" der Familie von Campenhausen in Orellen (Ungurmuiža) in Lettland

Den Ordensrittern, Missionaren und Hansekaufleuten folgten viele Deutsche ins Baltikum. 750 Jahre später, 1939, nahmen sie wieder Abschied – für immer

Moderne Städte mit mittelalterlichen deutschen Stadtkernen und mächtige Burgen an der Ostsee: Reisende finden das schön und romantisch. Die Kirchen und Landsitze können Geschichten erzählen von alter Kultur, biedermeierlicher Idylle, Mord, Totschlag und Unterdrückung. In den baltischen Ländern ist mehr Geschichte als anderswo. Deshalb spricht das, was man als Reisender sieht, auch erst bei Kenntnis der besonderen bewegten Vergangenheit.

Unter dem Baltikum versteht man heute die drei Nationalstaaten Estland, Lettland und Litauen. Das eigentliche Baltikum jedoch sind die historischen Provinzen Estland, Livland und Kurland im heutigen Estland und Lettland. Hier waren seit dem Mittelalter Dänen, Schweden und Deutsche die bestimmenden Mächte. Deshalb sind beide Staaten seit der Reformation lutherisch. Seit 1721 waren Estland und Livland als Ostseeprovinzen Teil des Russischen Reichs. Das katholische und lange Zeit mit Polen verbundene Litauen gehörte nie dazu.

Die Besonderheit der baltischen Provinzen war die durch Kirche und die Hanse eingeleitete jahrhundertelange deutsche Vorherrschaft. Die Deutschen, ursprünglich aus Westfalen, Niedersachsen oder Lübeck, kamen als Handwerker oder Kaufleute im Gefolge der (natürlich deutschen) Bischöfe, der Hanse oder des Deutschen Ordens und gründeten zahlreiche Städte. Nicht erbende jüngere Söhne des Adels fassten als Vasallen auf dem Lande Fuß. Nur Bauern kamen nicht aus Deutschland. Deshalb blieb der Bauernstand estnisch und lettisch.

Die Städte mit ihrem Patriziat und der Adel, der in Gütern auf dem Land herrschte, waren jahrhundertelang deutsch. Bei der Annektion durch Russland wurde 1721 diese (schon damals altmodische) Ordnung bestätigt, um die Deutschen für die Zusammenarbeit mit der russischen Krone zu gewinnen. Altmodisch war die damalige Ordnung insofern, als in Europa der moderne Absolutismus herrschte, im Baltikum aber die alte Ständeherrlichkeit konserviert wurde. Sie hat freilich eine reiche kulturelle und wirtschaftliche Entwicklung nicht verhindert.

Unter der russischen Herrschaft wechselte für die Landeskinder die Perspektive. Ein typisches Beispiel ist Balthasar von Campenhausen (1689-1758) aus einer aus Schweden kommenden deutschen Familie. Aus dem schwedischen Offizier wurde ein russischer General und Gouverneur des den Schweden gerade entrissenen Teils von Finnland. Sein gleichnamiger Sohn (1745-1800) wurde Gouverneur von Livland und war als Mitglied des russischen Senats an der Regierung beteiligt, übrigens ohne der russischen Sprache mächtig zu sein. Dessen Sohn Balthasar (1772-1823) machte als Reichskontrolleur und Innenminister wie viele Deutschbalten Karriere in der russischen Verwaltung. Landesrecht, Kirche, Schule, Gerichtswesen und vor allem die Amtssprache blieben in den baltischen Provinzen auch unter der Zarenherrschaft deutsch, obwohl der deutsche Bevölkerungsanteil dort zu keinem Zeitpunkt die Zehnprozentgrenze erreichte.

Das ist also die Ursache, warum Tallinn (Reval) und Riga wie andere deutsche Hansestädte aussehen und viele Inschriften deutsch sind. Bis 1918 war Riga eine Stadt mit deutschen Theatern, Zeitungen und gewähltem deutschem Stadthaupt. Johann Gottfried Herder war Prediger am Dom und Lehrer an der Domschule; Immanuel Kant ließ seine Werke beim Rigaer Verleger Hartknoch drucken; der noch junge Richard Wagner dirigierte hier das Orchester.

Die 1802 zum zweiten Mal gegründete Universität Dorpat (Tartu) war geistiger Mittelpunkt des ganzen Landes und vermittelte auch Letten und Esten den sozialen Aufstieg. Aber selbstverständlich gehörte die Universität bis zum Ende des Ersten Weltkriegs zur deutschen akademischen Welt. Die Professoren wechselten hin und her. Beispielhaft nenne ich den Theologen Adolf von Harnack, den Naturwissenschaftler Karl-Ernst von Baer, dessen Porträt heute die estnische Zwei-Kronen-Banknote schmückt, und den Chirurgen Ernst von Bergmann. Auch das studentische Leben der Deutschbalten entwickelte sich ähnlich wie im Deutschland des

Wandmalerei im alten Gutshaus derer von Campenhausen

An Säulen und Mauern in Tallinns Domkirche hängen bis heute die Wappenepitaphe des deutschbaltischen Adels

19. Jahrhunderts, freilich mit Unterschieden: Innerhalb der deutschen Verbindungen vermischten sich Adel und „Literaten", wie die akademisch Gebildeten hier genannt wurden, mehr als „im Reich". Es war durchaus üblich, dass junge Baronessen von Ärzten, Pfarrern oder Professoren geheiratet wurden. Insofern war man im Baltikum modern. Andererseits mischten sich die gemeinsam mit den Deutschen studierenden Letten und Esten in den Verbindungen nicht. Sie gründeten eigene Korporationen auf nationaler Grundlage.

Die Balten nahmen durch ihre Prominenz so selbstverständlich am deutschen Kulturschaffen teil, dass ihre baltische Herkunft gar nicht zu Bewusstsein kam. Dafür stehen die Namen großer Autoren und Künstler wie Werner Bergengruen, Hermann Hesse, Else Hueck-Dehio, Siegfried von Vegesack, Johannes Haller, einige Uexkülls, Keyserlings und der Pianist Eduard Erdmann. Von den letzten im Baltikum Geborenen sind Heinz Erhardt und Robert Gernhardt zu nennen.

Für die nach westlichen Standards ausgebildeten Deutschen eröffneten sich im Russischen Reich großartige Wirkungsmöglichkeiten. In Wirtschaft, Verwaltung, Diplomatie und Militär nutzte der Adel seine Chancen: Fürst Barclay de Tolly, Oberbefehlshaber im Napoleonisch-Russischen Krieg, war ebenso ein Deutschbalte wie der Weltumsegler von Krusenstern, die Generäle von Toll, von Löwis, von Wrangell und viele andere. Ihr Einfluss war so stark, dass er chauvinistische Reaktionen hervorrief. Das führte im 19. Jahrhundert zur Russifizierung, der Zurückdrängung des deutschen Elements in den baltischen Ostseeprovinzen, wo es keine nennenswerte russische Bevölkerung gab. Auf den schönen, zum Teil noch heute sehenswerten Landsitzen lebten deutsche Familien, deren Wappen die Kirchen schmücken. Von dieser deutschen Vergangenheit erzählen die Novellen von Werner Bergengruen und die Romane von Siegfried von Vegesack und Else Hueck-Dehio.

Riga ehrte Herder mit einem Denkmal nahe dem Dom

Seit dem 19. Jahrhundert empfanden Esten und Letten den Zustand russischer Ober- und deutscher Vorherrschaft als bedrückend; obwohl letztere ja zunächst eine Art Entwicklungshilfe war. Deutsche Pfarrer hatten sich nach der Reformation der lettischen und estnischen Sprache zugewandt, die Grammatik entwickelt und mit Katechismus und Bibel erste gedruckte Sprachdenkmäler herausgebracht. Begabten Kindern wurde über höhere Schulbildung der soziale Aufstieg ermöglicht. Dieser führte allein schon durch die deutsche Sprache zum Übergang in die deutsche Bevölkerungsgruppe. Erst im 19. Jahrhundert regte sich der Wille, bei den „Nationalen" zu bleiben. So entstand aus dem Bauernstand eine breite Mittelschicht städtischer, ausgebildeter, zum Teil wohlhabender Esten und Letten, die dem europäischen Zug der Zeit folgend nationalistisch gesinnt waren. Das stellte das in Jahrhunderten gewachsene Miteinander in Frage.

Die estnisch-lettische Revolution von 1905, Teilerscheinung eines ganz Russland erschütternden Umsturzversuchs, wandte sich vor allem gegen die deutsche Vorherrschaft. Mehrere hundert Personen aus Adel, Geistlichkeit und Armee wurden ermordet, 184 Gutshäuser und Schlösser in Brand gesetzt. Die Niederschlagung der Revolution ging mit blutiger Rache, aber auch einer umfassenden Liberalisierung einher. Sie führte auch die baltischen Provinzen bis zum Ersten Weltkrieg zu wirtschaftlicher Blüte. Nun wurde auch ein lettisches und estnisches höheres Schulwesen eingerichtet – Schlussstein für das eigensprachige Kulturleben.

Durch Wahlen gelang es Esten und Letten, die Führung der Stadtverwaltungen in Wolmar (Valmiera), Tuckum (Tukums), Kandau (Kandava), Wenden (Cēsis), Wesenberg (Rakvere) und Reval (Tallinn) zu übernehmen. In Riga, Dorpat (Tartu), Pernau (Pärnu) und Mitau (Jelgava) konnten die in die Minderheit geratenen Deutschen ihr Stadthaupt bis 1918 verteidigen.

Den Ersten Weltkrieg erlebten die Deutschbalten ausgiebig. Trotz ihrer russischen Staatsbürgerschaft hatten sie Denunziationen und Spionageverdächtigungen zu erleiden. Einige kamen nach Sibirien in Verbannung. Verständlicherweise erlebten sie den deutschen Einmarsch im Kurland 1915, in Riga und den nördlichen Landesteilen 1917 mit Dankbarkeit. Die deutsche Besetzung dauerte nicht lang. Nach der Revolution vom 9. November 1918 zog sich die deutsche Armee zurück. Im Machtvakuum nach der Proklamierung der beiden Republiken Estland und Lettland kam es bei sowjetrussischen Eroberungsversuchen zu ersten Gräueln der „Bolschewikenzeit", zu Durchsuchungen, Gefängnishaft auch für Frauen und Jugendliche und Morden. Diese richteten sich gegen die Deutschen, insbesondere gegen den Adel und Pastoren.

Die Unabhängigkeit der jungen Republiken konnte mit deutscher und finnischer Unterstützung von lettischen, estnischen und baltendeutschen Verbänden gesichert werden. Den militärischen Wendepunkt brachte die Befreiung Rigas im Mai 1919 durch die Baltische (d. h. baltendeutsche) Landeswehr, die von (reichs-)deutschen und lettischen Verbänden unterstützt wurde.

Zwanzig Jahre später, im Herbst 1939, setzte der Hitler-Stalin-Pakt dem Deutschbaltentum ein grausiges Ende: Nach 750 Jahren wurden die Deutschen zwangsweise „heim ins Reich" verfrachtet. „Heim ins Reich" war dabei bittere Ironie. Denn zum einen hatten die Balten und ihre Vorfahren Deutschland nie als politische Heimat erlebt. Zum anderen präsentierte sich das Reich als Warthegau. Das war die bis 1919 preußische Provinz Posen, die nach dem Polenfeldzug 1939 wieder zum Reich gehörte – bis zum Ende im Januar 1945. Nun mussten die Balten abermals nach Westen flüchten. Soweit sie dabei nicht umkamen, fanden die meisten eine Heimat in Deutschland, Schweden oder Kanada.

Das Baltikum blieb ein Teil des deutschen Kulturkreises, nachdem es ans Zarenreich gefallen war. Viele Impulse gingen von hier aus

Für die Esten und Letten kamen 45 Jahre sowjetischer Unterdrückung und massive Russifizierung. 1991 wurde den baltischen Staaten ein neuer Anfang in Freiheit geschenkt. Kulturell aber hatten sie schon immer zu Europa gehört. □

Axel Freiherr von Campenhausen *ist Professor der Rechte, Mitherausgeber des* Rheinischen Merkur *und Vorsitzender der in Lüneburg ansässigen Carl-Schirren-Gesellschaft, des Deutsch-Baltischen Kulturwerks.*

Der Besuch im Dorf Koguva gleicht einer Zeitreise: Häuser aus dem Gestern stehen hinter Hecken, bemoosten Steinmauern und Wällen aus Feuerholz

Sommerträume auf
Saaremaa

Ein grünes, verwunschenes Paradies im Licht der Sonne, der Johannisfeuer und der blitzenden See. Schüchtern entfaltet das frühere Ösel den Zauber einer Ferieninsel. Nach fünfzigjährigem Dämmerschlaf im militärischen Sperrgebiet

Text: Thomas Gebhardt, Fotos: Gregor Lengler

Die Zeit des Lichts, der Leichtigkeit und des Glücks kündigt sich mit den ersten Sonnenstrahlen an, dem hellen Grün der Birken und den Farben der Wiesenblumen. Dann geht die Bäuerin aufs Feld, arbeitet der Bauer die Verluste des Winters auf, kommen die Kinder und Enkel vom Festland. Es werden Gräber neu gerichtet, erstrahlen Häuser in lichten Farben – nur der Tod bleibt endgültig, selbst wenn er als krönender Abschluß begriffen wird

Wo **Sonne**
die Ostsee vergoldet

Badefreuden unter nordischer Sonne, an langen Stränden. Noch sind sie recht einsam. Die Küstenlinie der Insel misst mehr als 1300 Kilometer

Wo Geschichte Eigenart stiftet

Es ist Juni. Der Winter eben erst vorbei, aber die Natur schon explodiert. Und die Tage sind wieder lang. Die Innenminister der drei baltischen Staaten kamen in Kuressaare auf der Insel Saaremaa zu einem Arbeitsessen zusammen. Bevor jedoch die Tafel eröffnet wurde, hat Raul Salumäe die Politiker mit ihrer Entourage durch die Bischofsburg geführt. Die erhebt sich in bester Lage über den Beckenrand der Ostsee. Wuchtig und stolz steht sie da. Möwen brüten in ihren Zinnen.

„Eine interessante Führung war das", sagt Salumäe, Historiker auf der Burg, „erst die zweite in diesem Jahr auf Russisch, obwohl ich hier der Einzige bin, der noch in dieser Sprache führt." Und immer wieder musste er ins Englische übersetzen. „Russisch und Englisch nebeneinander, Politiker, ausgebildet an sowjetischen Parteischulen oder der Harvard Business School – eine interessante Übergangszeit ist das", fügt Salumäe hinzu.

Nicht mehr ganz Osten, noch lange nicht Westen – das ist auch Saaremaa, die größte der 1500 estnischen Inseln, die viel, viel näher liegt, als unser geopolitisches Gedächtnis glaubt. Für mich war es eine Ecke der Welt, von der ich so viel wusste, wie im Brockhaus steht: „Estn. Name der Insel →Ösel." Siehe dort.

Wieder so ein Tag auf staubigen Pisten, so dass hinter der Heckscheibe die Insel versinkt. Der Waldweg führt zum Meer. Hoffentlich. Das Meer ist um diese Jahreszeit schweigsam, weist nicht lautstark den Weg. Saaremaa ist groß: dreimal so groß wie Rügen. Genug Fläche, das Meer völlig zu vergessen. Und so geht man auf die Suche, kreuz und quer über die Insel.

Wie Schiffe im Meer verlieren sich die Dörfer. Einige liegen am Weg, andere verstecken sich im Wald. Hinter jahrhundertealten Eichenhainen, in denen Kühe grasen. Hinter Weiden, über die Pferde jagen. Hinter Wiesen, bunt von Wiesenblumen; hinter all dem Grün: Eichengrün. Kieferngrün. Moosgrün. Waldgrün, als wäre der Wald hier erfunden worden. Fast die Hälfte Saaremaas ist von Wald bedeckt. Nur die Briefkästen – übereinander an die Bäume genagelt – deuten entlang der Straßen an, dass hinter der nächsten Schonung Menschen leben. In Weilern, aus zwei, drei, auch mal sechs oder sieben Häusern. Von Esten gebaut. Unter den Dänen, Deutschen, Schweden, Russen – eben allen, die auf Saaremaa mal das Sagen hatten. Oder in der kurzen Zeit der estnischen Unabhängigkeit von 1918 bis 1940, der ersten vor der gegenwärtigen, seit die Deutschordensritter ihre Zivilisation vor knapp 800 Jahren gen Osten trugen.

Friedliche Bilder, die sich gleichen. Bestellte Gärten. Kunstvoll geflochtene Weidenzäune. Wäsche, die im Wind flattert, und riesige Brennholzstapel in Erwartung des nächsten Winters. Und der wird, wie jedes Jahr, wieder lang sein.

Im Hafen von Nasva macht Hillar Lipp sein Holzboot klar. Mehr als 25 Jahre hat der Mittfünfziger – sonnengegerbtes Gesicht und jeder Fingernagel irgendwie blau geschlagen – als Fischer gearbeitet. Jetzt lohnt es sich nicht mehr. Der Fisch ist zu weit draußen, die Preise sind zu weit unten. Heute ist Lipp „Geschäftsmann, wie alle anderen auch." In der Saison vermietet er mit B&B-Schild vor dem Haus bis unters Dach, fährt Touristen zu kleinen Inseln, zum Angeln oder an Strände, die sonst niemand kennt.

Wohin, möchte ich wissen. Da lacht der Geschäftsmann nur. „Überallhin", erklärt Lipp, „die Saison ist kurz, nur von Juni bis September." Fünf Boote liegen an moosgrünen Stegen. Libellen wehen übers Wasser. Eine Möwe lacht vom Dach des Bootshauses. Darüber die endlose Prozession der Wolken. Keine acht Tage im Jahr soll über Saaremaa die Luft still stehen. Von irgendwo weht der Rauch eines Schaschlikfeuers herüber. Hinaus aufs Meer, wo seit Hansezeiten Schifffahrtsrouten an der Insel vorbeiführen. Oder noch länger?

Beim Bootsbauer Saare Paat („Inselboot") haben sie gerade ein Drachenboot fertig gestellt. „Valkyria" heißt es, hat nur für den Fall aller Fälle einen Motor und soll über Ost- und Nordsee in die Niederlande gebracht werden. Aus eigener Kraft – gesegelt und gerudert. Vor zehn Jahren hat Saare Paat mit zehn Bootsbauern aus dem Nichts begonnen. Heute sind es 45, die Yachten, Segeljollen und Ruderboote in Handarbeit fertigen. Peeter Laum, Geschäftsführer und im Blaumann wie seine Mitarbeiter, sagt, dass auch Saaremaa ein Wikingerschiff bestellen sollte, „um den Tourismus anzukurbeln".

Tourismus ist ein wichtiges Wort auf Saaremaa. Zukunft ein anderes. Es ist das wichtigere, obgleich das eine ohne das andere hier nichts werden wird. Fast war Zukunft vergessen und weit, weit weg. Und kam doch zurück, ließ die Leute an alte Träume anknüpfen

Die Bischofsburg, im 13. Jahrhundert gebaut, verlor früh ihre militärische Bedeutung und kam so gut über die Zeiten. Kuressaare entstand in ihrem Schutz

Mehr als 800 Windmühlen gab es noch vor 100 Jahren auf Saaremaa. Heute muss man diese Wahrzeichen suchen: Doch allein fünf Mühlen stehen im Dorf Angla

Weil die Winter lang sind, ist der Sommer die glücklichste Zeit auf Saaremaa. Drum begrüßen ihn die Inselbewohner mit Johannisfeuern, Kornblumensträußen und Ausflügen über die Insel (estn. *saare*): zur Steilküste von Panga, mit 21 Metern die höchste Estlands, oder zum Leuchtturm von Vilsandi. Andere gehen ihrem Tagwerk nach – bringen Grünfutter ein, die Pferde auf die Koppel oder kaputte Fischernetze mit Kork in Ordnung

Wo **Himmel** unvergesslich bleibt

und traditionelle Wege wiedereröffnen, die vielfach übers Meer führen. Fast ein halbes Jahrhundert war Saaremaa militärisches Sperrgebiet, eine *non go area*.
Hinter uns schließt sich das Wasser. Als wären wir nie da gewesen. Nur die Mücken nehmen uns zur Kenntnis. Der Lastkraftwagen, mit 30 Jahren etwas altersschwach, ist zwar kein Amphibienfahrzeug, pflügt aber hochbeinig mit zehn Stundenkilometern durch die flache Ostsee. Früher diente das dieselspeiende Ungetüm, Typ Kraz, der sowjetischen Armee als Raketentransporter, heute fahren Meteorologen und Touristen auf seiner Ladefläche. Sechs Kilometer durchs Meer, das hier 1,40 Meter tief ist, nach Vilsandi, einer kleinen Insel vor der Küste Saaremaas und zugleich Herzstück des ältesten Nationalparks in Estland. Kegelrobben liegen auf einem Streifen Land.

Wann denn der letzte Besucher hier war, möchte ich von Avo Piisk wissen. Vor anderthalb, zwei Wochen, so genau weiß der Leuchtturmwärter das nicht mehr. Einmal kamen gleich fünf Leute an einem einzigen Tag und mit ihnen die vielen Fragen. All der Wissensdurst. Seit 1809 gibt es auf Vilsandi einen Leuchtturm. Wie hoch der sei? „Keine Ahnung." 18 Seemeilen sei sein Feuer zu sehen. Und obgleich der Turm längst automatisiert ist, kann Avo bleiben. Zu reparieren gibt es immer was für einen gelernten Landmaschinenschlosser. Seit zehn Jahren lebt Avo auf Vilsandi, schnitzt Robben und Delphine aus Wacholderholz und stellt sie auf sein altes Röhrenradio.

Tief unter uns segeln Schwalben, liegen die verfallene Seenotrettungsstation und viele Inseln in der Ostsee. Winzige Eilande oder riesige, namenlose Findlinge, wer weiß das schon? Wenn Avo wirklich jemanden zum Reden braucht, dann sind ja noch die drei von der meteorologischen Station da. Und Mati Kuntro ist auch da, wenn er nicht gerade auf Saaremaa ist, weil er das Geld für einen „Zyklus" zusammenhat. So nennt Mati die Zeiten, in denen er seine Liebe zu dem trüben Landbier weiter vertieft, das von den Bauern gebraut wird. Längst hat es den Glanz in seinen Augen gelöscht.

Mati war Tierarzt, dann Schriftsteller, jetzt ist er stolz, schlohweiß und Lebenskünstler, misst den Wind mit leeren Flaschen. Und auch das ist gut. Aus angespültem Holz und gefärbtem Prismenglas fertigt der 48-Jährige Installationen und stellt sie aus. 14 Ausstellungen hatte er schon, meist im Leuchtturm, aber auch in der Burg von Kuressaare. Und wenn sich eine herrenlose Katze zu Mati verirrt, dann kümmert er sich um sie.

Im Rhythmus der Fährschiffe fallen auf Saaremaa jetzt die Gäste ein. 250 000 im Jahr. Staunen im Dörfchen Koguva, das aussieht, als habe man die Moderne erst gar nicht erwartet; lichten die estnischen Bockwindmühlen von Angla ab, die sich von flämischen durch ein insgesamt drehbares hölzernes Oberteil unterscheiden, oder umrunden den Meteoritenkrater von Kaali. Gegenüber anderen Kratern besitzt er den Vorteil, dass man ihn als solchen erkennt. Überschaubare 110 Meter misst er im Durchmesser, 22 Meter tief hat sich der Meteorit in den Boden gerammt und so viel Erdreich aufgefaltet, dass es sich bequem auf ihm laufen lässt.

„Zwei Drittel unserer Gäste kommen aus Finnland, ein Viertel aus Estland; die anderen sind Letten und Russen", sagt Ants Kark, Sales Manager der Hotel-Kette Kuressaare Sanatoorium. Am Hafen der Inselhauptstadt unterhält die Gruppe mehrere moderne Spa-Hotels.

Schon vor 170 Jahren war die Stadt Kurbad, bereits vor 100 Jahren hatten sich die Heilanzeigen der Schlamm-Badeanstalten weit herumgesprochen. Bis nach Westeuropa ohnehin, aber auch nach Australien und in die USA. „Viele Kinder werden im Schlamm geboren", hieß es damals, weil Schlammtherapien nicht nur gegen Gelenkrheuma helfen sollen, sondern auch bei Kinderlosigkeit Wunder wirken. Um 1900 kamen mehr als 100 000 Besucher pro Jahr nach Kuressaare. „Jeder Zehnte aus Deutschland, so soll es wieder werden", sagt Kark. Und obgleich er entschlossen daran arbeitet, ein Produkt namens Urlaub anzupreisen, scheint er zu wissen, dass Saaremaa aus touristischer Sicht weit, weit entfernt liegt.

Ösel nannten die deutschen Kurgäste Saaremaa, wie auch die deutschstämmigen Inselbewohner. *„Arensburger Anzeiger"* und *„Kuressaare Teataya"* hießen die beiden örtlichen Zeitungen vor 100 Jahren. Kuressaare, „die Kranichinsel", war zeitgleich Arensburg, „der Adlerhorst", und umgekehrt, weil Esten und Deutsche, Bauern und Adlige, wenn auch nicht unter gleichen Voraussetzungen, so doch friedlich nebeneinander lebten. Eine Geschichte, erzählt in zwei Sprachen. Oder drei? Kingissepp hieß der Ort in Sowjetzeiten. Die Leute ignorierten das. „Wir fahren in die Haupt-

Wo **Zukunft** zurückgekehrt ist

stadt", sagte man stattdessen, weil die anderen Namen verboten waren. Heute führen alle Wege wieder nach Kuressaare. 40000 Menschen leben auf Saaremaa, 16 000 davon in der Hauptstadt. Und wie die Insel hat auch sie zwei Gesichter. Da ist das Mütterchen mit dem Reisigbesen, das die Hauptstraße kehrt, dort sind die neuen Parkuhren, in jeder noch so kleinen Gasse. Hier stehen die klassizistischen Häuser, gelb und rosa getüncht, dort ragen uniforme Mietskasernen direkt ins Stadtzentrum. Ansonsten wurde alles Sowjetische so gründlich entrümpelt, dass nur noch in Außenbezirken kyrillische Schilder existieren und russische Reisende um Übersetzung bitten müssen, weil Speisekarten auf Estnisch, höchstens noch Finnisch und Englisch abgefasst sind.

„Das wird sich wieder ändern", erklärt Tõnis Kipper, „das sind schließlich unsere Nachbarn. Aber etwas Zeit muss noch ins Land gehen." Der 40-Jährige mit den blondierten Haaren ist Moderator bei Raadio Kadi, einem von zwei Radiosendern auf Saaremaa. *„Hääde uudistega on küre!"*, ist auf Tõnis' T-Shirt zu lesen, mit dem er für seine Show wirbt, „Wer gute Nachrichten hat, muss schnell auf Sendung gehen, um sie den anderen zu erzählen." Am Montag, Mittwoch und Freitag hört ihm die halbe Insel zu.

Kuressaare ist in den Nationalfarben geschmückt. Im Rathaus folgt seit Tagen Brautpaar auf Brautpaar, während die Fähren zur Insel ausgebucht sind, weil die Kinder Saaremaas in die Heimat drängen. Aus Tallinn oder Pärnu, aber auch aus Helsinki, wo ein Arzt das Fünfzehnfache eines estnischen Gehalts verdient. Morgen ist ein besonderer Tag: *Jaani Päev*, Johannistag. Mittsommernacht. Schon seit Tagen lodern auf Saaremaa abends die Feuer. Als Gruß an die Sonne. Sobald sie im Frühjahr durch die Wolken dringt, verlagern die Insulaner ihr Leben nach draußen. In die Wiesen, den Wald, ans Meer. An die Strände der Halbinsel Sõrve oder die Steilküste von Panga, die schönste Estlands. Es gibt *saslökk* und *frikartul* und *vorst*; Musik, Tanz und Saaremaa-Schnaps aus Plastikbechern. Während der Rauch vom Johannisfeuer über die Tanzfläche zieht, erzählt Raul Salumäe aus seinem Leben.

MERIAN | TIPP

Saaremaa ist die größte estnische Insel und zugleich Hauptinsel des Landkreises Saare makond, zu dem auch die Nachbarinseln Muhu, Abruka, Vilsandi und Ruhnu gehören. Auf Saaremaa, nach dem schwedischen Gotland die zweitgrößte Insel der Ostsee, leben 40 000 Menschen, 16 000 davon in Kuressaare, der Inselhauptstadt.

ANREISE
In der Hauptsaison tägliche Flugverbindungen von Berlin, Hamburg, Frankfurt (außer Fr) oder Wien nach Tallinn. Flüge von Tallinn nach Saaremaa auf der Strecke Tallinn-Kuressaare, Flugdauer 45 Min.

Von Tallinn nach Kuressaare verkehren bis zu 9 mal täglich Linienbusse (Fahrtzeit vier Stunden). Mit dem Auto (alle gängigen Mietwagen-Anbieter am Flughafen Tallinn) ist man nicht schneller – die Fähre Virtsu-Kuivastu vom Festland zur Insel Muhu ist ein Nadelöhr (Muhu und Saaremaa sind durch einen Damm miteinander verbunden).

AUSKUNFT
Tourist Information
Hilfreich bei Übernachtungen, Sightseeing, Veranstaltungen.
Kuressaare, Tallinna 10
Tel./ Fax (003 72-45) 331 20
turism@kuressaare.ee
www.saaremaa.ee

AUF DER INSEL UNTERWEGS
Dichtes Busnetz; Empfehlenswert ist ein Mietwagen, die in Kuressaare bei Polar Rent (Tel. 336 60), Metra (Tel. 393 63) oder Priit Rent (Tel. 385 55) zu bekommen sind. Die Preise sind jedoch hoch, ein Kleinwagen kostet 35-40 Euro pro Tag.

KUREN UND WELLNESS
Rüütli und Meri
Moderne Spa-Hotels vis-a-vis von Bischofsburg und Bucht von Kuressaare. Funktional eingerichtet, alle gängigen Heilanwendungen, Saunen und Fitness-Angebote sowie ein Schwimmbad mit Meerblick im Haus (gutes Preis-Leistungs-Verhältnis: z.B. kostet eine Massage nur ein Drittel der westeuropäischen Preise). Pargi 12 u. 16, Reservierung über Sanatoorium Kuressaare: Tel. (003 72-45) 271 40 und 271 83, Fax 271 45, sanatoorium@sanatoorium.ee ❸❸

BED & BREAKFAST, CAMPING
B&B wird in Dörfern und Bauernhöfen angeboten; Adressen bei der Tourist Information. Hoher Standard, Einrichtungen vielfach neu; die Preise liegen weit unter denen der Hotels (siehe Magazin). Campingplätze in allen größeren Dörfern; meist einfache Ausstattung. Zelten ist oft auch bei B&B-Anbietern erlaubt.

>> weitere Tipps im Info-Teil ab S. 110

Kihelkonna, mit 550 Einwohnern Zentrum des Inselwestens, ist von Wiesen und Wald umgeben. Der 72 Meter hohe Kirchturm ist der höchste Saaremaas

„Ich bin am Strand aufgewachsen", sagt er, „nahe der Bischofsburg." Und dorthin wollte er zurück: ans Meer.

Anhalten in Randküla. Ein Dorf, das eine Wiese mit Gänseblümchen, Plumpsklo und Volleyballnetz hat, die als Zeltplatz ausgeschildert ist; zudem eine alte Kolchosmolkerei, die zum Verkauf steht, ein paar verspielte Landhunde und vier Häuser. Vier rauchende Schornsteine, sagt man hier.

In Randküla wohnt auch Janek Mägi. Mit Vater und Mutter, seiner Frau Kai, seinem Söhnchen Martin und dem Hund Pärri. Mit dem ersten Hahnenschrei füttert der 30-Jährige die Kühe, mischt Brot und Hafer für die Gänse, schüttet Streu. Nach dem Frühstück fahren die Männer aufs Feld, packen Grünfutter zu Silageballen und kommen wieder, wenn die Abendsonne scheint.

Janek ist ein überlegter Mann mit einem gutmütigen Lächeln und aufmerksamen Augen. Vor zehn Jahren, als der Vater arbeitslos wurde, haben sie den Hof des Großvaters übernommen: Zwei Hektar Land, zwei Kühe, ein 200 Jahre altes Haus mit Ziehbrunnen und Rauchsauna, die alle drei Tage befeuert wurde, um darin den Dreck auszuschwitzen. Nach einem Jahr wusste Janek, dass er etwas tun müsse, wenn das mit ihm und der Landwirtschaft eine Zukunft haben sollte. Er ging nach Amerika. 14 Monate später rief die Mutter ihn in Massachussetts an: „Junge, du musst kommen, Vater schafft das nicht allein." Die Lehrzeit in den USA war zu Ende. Die folgenden Jahre blieb er von Frühjahr bis Herbst in Randküla und arbeitete im Winter in Schweden, um das Geld für Melkmaschinen und den Traktor zusammenzubekommen.

Was hast du zuerst gemacht, als du aus den Staaten zurück warst?

„Zuerst?" Janek lacht und öffnet eine 1,40 Meter hohe Tür, die von der Küche abgeht. „Zuerst hab' ich die anderen überzeugt, dass wir fließendes Wasser, eine Toilette und eine Dusche brauchen." Hinter der brusthohen Tür ist die frühere Speisekammer und heute alles beieinander. Weil aber die Großmutter nicht glauben wollte, dass dem Haus bei einer höheren Tür statisch nichts passiere, einigte sich die Familie, auf dem Weg zum neuen Örtchen den Kopf einzuziehen. Nur noch zwei, drei Mal pro Jahr heizen die Mägis jetzt die Sauna an.

Heute haben sie fast 80 Kühe, 100 Hektar Land und die offizielle Anerkennung als Öko-Bauern. Mächtig stolz ist Janek darauf. Schließlich hatte er aus den USA eine Lebensphilosophie mitgebracht, der er treu blieb: *„Don't panic, eat organic!"* Weil Janek aber das Gefühl nicht los wird, die Arbeit von Generationen ruhe auf seinen Schultern, „um die verlorene Zeit von 60 Jahren nachzuholen", findet er auch nicht die Muße, sich am Erreichten zu freuen. Nur selten schafft er es noch ans Meer. Bis dahin ist es nur einen Kilometer. Durch Wiesen. Und Wälder. □

Thomas Gebhardt, *geboren 1962, MERIAN-Redakteur und Reporter, staunte über die rasante Entwicklung in Estland. Zuletzt war er 1998 da.*
Gregor Lengler, *Jahrgang 1959, freier Fotograf aus Hamburg, liebt kraftvolle Landschaften wie die von Saaremaa.*

50 Orte, die man gesehen haben muss. Welche fehlen Ihnen?

Erleben Sie die **schönsten Plätze der Welt,** beschrieben von den **berühmtesten Autoren unserer Zeit:** Salman Rushdie, Gore Vidal, Bruce Chatwin, Paul Theroux, Cees Nooteboom und vielen anderen. Das Sonderheft TRAVELER entführt Sie in ferne Paradiese, in die Wildnis, zu Kulturstätten und zu den größten Wundern dieser Welt.

In Tartu arbeiten Genforscher an einer Inventur der Erbbausteine aller Esten. So sollen die Ursachen für Volkskrankheiten gefunden werden. Und die Antwort auf die Frage: Warum werden manche Menschen krank und andere nicht?

Text: Andreas Weber

Strichcodes des

Dagni Krinka wirft ihren Kopf mit dem rotblonden Kurzhaar zurück und schnipst mit den Fingern gegen das Reagenzröhrchen. „Ich habe guten Stoff", sagt sie, „richtig guten Stoff." Ein paar Flocken taumeln durch die Flüssigkeit im Kunststoffgefäß. „Reine Erbsubstanz. Über ein Milligramm. Das Beste, was Sie auf der Welt kriegen können."

Der Raum glänzt im Schein der gescheuerten Ausgüsse und edelstählernen Regale, der monoton rotierenden Schüttler mit zitternden Säften in winzigen Gläsern und der metallischen DNA-Analyseautomaten. Unauffällig saugt eine Laborantin die DNA-Klumpen aus ihrer Pufferlösung in flexible Halme und beklebt sie mit Computer-Strichcodes. Auf dem Nebentisch liegt das Buch „Cracking the Genome" mit Beiträgen von James Watson, der 1953 mit Francis Crick den Aufbau der DNA erkannte, und von Craig Venter, der 2001 das ABC der menschlichen Erbmasse komplett nachbuchstabierte. Im Sequenzierraum der estnischen Genstiftung liegt kein Lehrbuch, sondern ein Reportage-Thriller über die Eroberung des menschlichen Bauplans: Real Fiction als Labormanual.

Das Detail ist Programm. In den antiseptisch renovierten Hallen einer heruntergekommenen Kollektivbäckerei von Tartu versteckt sich das ehrgeizigste Genprojekt des 21. Jahrhunderts. Das Vorhaben ist gewagter als Craig Venters Coup. Die Esten wollen, anders als der amerikanische Bio-Selfmademan (dessen Firma Celera Genomics fast ausschließlich Venters eigene DNA entschlüsselte) ihr gesamtes Volk sequenzieren. Mit diesem Kraftakt planen sie, erbliche Ursachen für Massenerkrankungen wie Diabetes und Bluthochdruck aufzudecken. Venter hat den Satzbau der genetischen Blaupause ermittelt – aber zu entschlüsseln, wie aus diesem Text die menschlichen Eigentümlichkeiten entstehen, das wollen die Esten zu ihrem Triumph machen.

Animiert streicht Krinka über die polierte Haut eines von drei mannshohen Stahltanks. „Das sind meine Babies", lächelt sie. Als die Biologin einen Deckel hebt, quillt weißer Stickstoffqualm aus der Öffnung. Darunter wird, in Strohhalme verpackt, die Erbmaterie von 8600 Landsleuten endgelagert. 50 000 Proben sind nötig, damit der Genvergleich starten kann, 4000 sind schon da. In fünf Jahren, so das ehrgeizige Ziel, soll hier die molekulare Essenz von einer dreiviertel Million Esten eingefroren sein – in 350 Tanks einer riesigen Halle. Schon heute rollen pro Woche 100 Kühlboxen mit Blutfläschchen an – im Panzerwagen der nationalen Geldtransportfirma.

Das Projekt speist sich aus einem Gefühl nationaler Erhebung ebenso wie aus wissenschaftlichem Ehrgeiz. Das Großscreening hülfe, den Status einer seit Sowjetzeiten nicht eben optimalen Volksgesundheit zu erfassen. Aber vor allem könnte es Mittel gegen die hartnäckigsten und teuersten Volksseuchen einbringen. Dieses Wissen würde Geld bedeuten. Unglaublich viel Geld. „Das Genprojekt wird Estlands Nokia", propagieren die Befürworter des Massenscreenings mit Blick auf den prosperierenden Nachbarn Finnland.

Andres Metspalu, Initiator der Erbgutanalyse und heute Leiter ihrer Beratungskommission, treiben nicht nur goldene Aussichten. Der Molekularbiologe und Arzt ist fasziniert von der Frage, warum manche Menschen an Krankheiten leiden, andere aber nicht. Denn obwohl sich alle in der grundsätzlichen Reihenfolge und Anordnung ihrer Erbbausteine gleichen, weicht der persönliche Code immer um ein paar Buchstaben von dem des Mitmenschen ab. Andernfalls wären wir identische Zwillinge eines gigantischen Klons. Metspalu und sein Team wollen nun diese Differenzen mit der Krankengeschichte der Spender vergleichen und so die exakten Sequenzen für individuelle Merkmale festlegen: für Depression, ein sportliches Herz oder den Hang zum Saufen.

Zunächst verbirgt sich dahinter eine gigantische Präventionsmaßnahme: „Wer einmal weiß, daß er zu Darmkrebs neigt, kann rechtzeitig etwas dagegen tun", sagt Metspalu. Doch vor allem soll die Verknüpfung von Genkarte und Krankheitsbild eines Tages denen helfen, die nicht auf die Warnungen gehört haben. Sind alle Variationen des menschlichen Erbgutes bekannt, so verspricht die Utopie der Mediziner, dann erfindet die Pharmaindustrie für jede einzelne das perfekt angepasste Medikament.

Das Problem heutiger Heilkunst liegt darin, dass Kranke völlig unterschiedlich selbst auf die gebräuchlichsten Medikamente reagieren, etwa auf Kopfschmerz- oder Herzmittel: „Bei 50 Prozent schlagen sie an, bei einem Viertel helfen sie ein bisschen, bei einem Zehntel bleibt der Effekt aus und dem Rest schaden sie", sagt Metspalu. „Die Menschen tragen ja auch nicht alle dieselbe Schuhgröße". Maßgeschneiderte Medizin soll hier Abhilfe bringen – und nebenbei die extrem kostspieligen Zulassungsver-

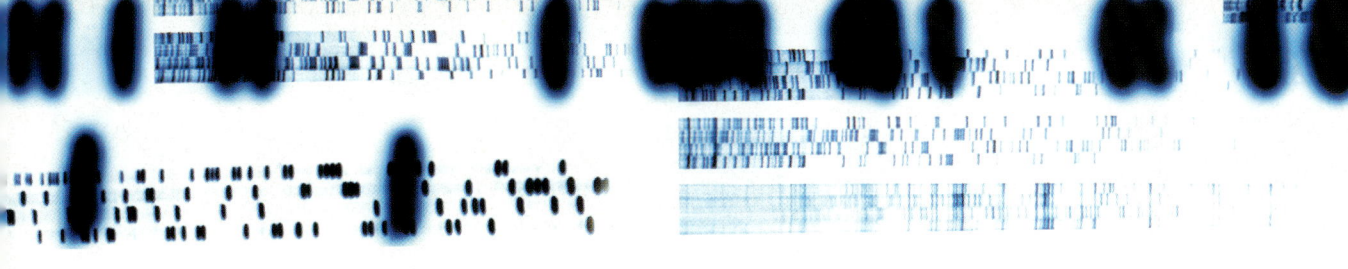

Lebens

fahren verkürzen, von denen nur ein Bruchteil zur Marktreife führt.

Informationen, an welchen physiologischen Hebeln mit dem *custom-design* für Pillen anzusetzen wäre, ließen sich teuer verkaufen. Nicht umsonst hat Roche über 70 Millionen Dollar in das kleinere Konkurrenzunternehmen der Esten, das isländische Genomprojekt, investiert. Anders aber als auf Island entspricht das baltische Bevölkerungsgemisch ziemlich genau dem europäischen Durchschnittsgenom: ein riesiger Markt also.

Schon jetzt hat Metspalu die Firma Egeen gegründet und mit Kooperationsverträgen an amerikanische Pharmaunternehmen gebunden. Er sieht in dieser Vernetzung von Kommerz und Forschung keine Gefahr, sondern verspricht sich Synergien auch für seine Landsleute. Diese werden, geht es nach dem Biomediziner, einmal Patienten ganz aus Glas sein, mit einem Versicherungschip, auf dem von ihrem letzten Urologen-Besuch bis hin zum persönlichen Krebsgen jedes Detail stets abrufbar ist. Alles im Dienste der Prävention: Nur wer jetzt sich Blut für die Analyse seiner persönlichen Erbsequenz abzapfen lässt, so lockt Eesti Geenivaramu, die Genstiftung, potenzielle Spender, wird in den Genuss der personalisierten Medizin kommen.

Freiheit der Forschung hat in Estland noch einen anderen Klang. Bedenken, die in Westeuropa einen genetischen Massentest erschweren oder sogar verhindern würden, gibt es kaum. „Nach dem Zwang des Kommunismus scheint jetzt alles erlaubt", konstatiert die einzig nennenswerte Kritikerin des Projekts. Die Onkologin Tiina Tasmuth bezichtigt ihre Kollegen des Realitätsverlustes und der heimlichen Allmachtsfantasien. Denn noch immer ist der Sinn des Volksscreenings trotz einer Infozeitung, trotz Hoffnung heischender Fernsehspots, nicht zum Gros der künftigen Spender durchgedrungen. Nur sieben Prozent sind einigermaßen über biologische Zusammenhänge informiert – mehr als ein Drittel aber hat vom Projekt noch nie etwas gehört. Diese Unwissenden vertrauen blind auf ein Gesundheitssystem, das vielerorts paternalistisch über sie bestimmt wie zu Sowjetzeiten. Kranke glauben fest, dass ihr Arzt die richtige Entscheidung für sie trifft. Dabei, so die Kulturwissenschaftlerin Riste Keskpaik, nennen viele ihren Patienten nicht einmal die Diagnose. Die wenigen Spezialisten sind, so Tasmuth, oft schon jetzt mit der Therapie etwa von Krebspatienten völlig ausgelastet – wie sollten sie dann noch all die beraten, denen der Gentest künftiges Siechtum prophezeit?

Solche Zweifel erscheinen in Sille Vällis Praxis weit hergeholt. Hier in Kuressaare auf der Insel Saaremaa ist das Arzt-Patienten-Verhältnis noch vom persönlichen Schlag. Mehrere Stunden täglich besucht die Landärztin ihre Kranken zu Hause. „Viele kommen seit mehr als 20 Jahren zu mir. Sie wollen Lebensberatung, nicht nur Medizin", sagt sie.

Dass ein Arzt gerade diese Intimität missbrauchen könnte, so etwas hält Välli für unmöglich. Sie appelliert an den Optimismus: „Vor zehn Jahren wussten wir nicht, dass heute alle Mobiltelefone haben und jederzeit die Großmutter im Wald anrufen können". Als Ärztin träumt sie davon, ihr Schicksal so früh wie möglich zu kennen: „Dann könnte ich sofort anfangen, prophylaktisch Medikamente zu nehmen, und würde länger leben." Die Zukunft wird es schon richten – auch um den Preis einer Pathologisierung des Alltags, wo noch Gesunde bereits an ihren künftigen Leiden therapiert werden müssten.

Krista Kruuv, einst estnische Olympiaseglerin, heute Vorsitzende der Genomstiftung, sieht gerade in dieser Medikalisierung des Normalen eine Garantie dafür, dass genetische Schwächen nicht zur Diskriminierung führen: „Alle haben irgendeinen erblichen Defekt. Niemand ist gesund. Wer kann dann an den Pranger gestellt werden?"

Die ärztliche Hoffnung, eine irgendwann vielleicht einmal auftretende Krankheit schon heute behandeln zu können, teilen indes nicht alle Wissenschaftler. Für viele theoretische Biologen ist der Gen-Hype längst vorbei – ohne die große Lösung gebracht zu haben. Bisher konnte nicht eine einzige Krankheit auf genetischer Basis auch nur gelindert werden – nicht einmal längst bekannte Erbkrankheiten wie Mukoviszidose. Staunend schauen Forscher auf eine mit steigendem Wissen immer unbegreiflichere Komplexität der lebenden Zelle. Um die reibungslose Kommunikation ihrer Millionen von Molekülen auf kleinstem Raum zu steuern, sind die 30 000 Gene im Menschen völlig überfordert. Welche Gesetze aber die Mikrostrukturen organischer Körper aufbauen, ist noch gar nicht klar.

Der Zellbiologe Toomas Neuman hat darum für die Genfixierung der Ärzte nur Schulterzucken übrig: „Alles hat irgendwie mit den Genen zu tun", sagt er. „Aber das ist Wissenschaft von gestern." Der gebürtige Este ist einer der weltweit führenden Systembiologen und leitet heute die

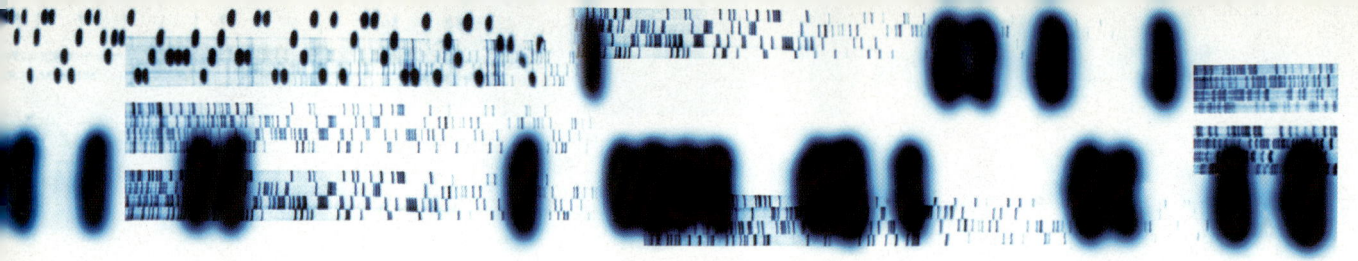

neurologische Abteilung des Cedars Sinai Hospital in Los Angeles. „Denken Sie an Parkinson. Die Krankheit ist etwa zu fünf Prozent genetisch veranlagt", sagt er, „der Rest beruht auf Störungen körperlicher Regulation. Niemand kann sagen, ob auf Grund dieser fünf Prozent die Krankheit ausbrechen wird."

Neumans Kollege Kalevi Kull, Professor für Biosemiotik an der Universität Tartu, geht noch einen Schritt weiter. Er bezweifelt bereits die Grundannahme, das Erbgut steuere einen Organismus wie ein Computerprogramm eine Maschine. Für Kull sind Organismen keine molekularen Uhren, die entsprechend ihrer genetischen Software ticken. Nein: Die Uhr Organismus hat die pikante Eigenschaft, sich als Gegenstand selbst erst hervorzubringen. Jedes genetische Programm ist somit sinnlos, wenn es nicht in einen Körper eingebettet ist, der seine Anwendung überhaupt ermöglicht. Chemische Versuche im Rahmen der Selbstorganisationstheorie haben gezeigt, dass viele Strukturen von selbst entstehen, ohne dass sie dazu Erbanlagen benötigen. Biologische Ordnung stellt sich quasi „gratis" ein. Eigentümlicherweise bestätigen das gerade neueste genetische Experimente: Wachstumszentren von Embryonen etwa entfalten sich weitgehend unabhängig von den Befehlen der DNA.

„Die Sprache der Erbsequenz bildet nur einen Einfluss unter vielen anderen", folgert Kull daraus. Ihre Bedeutung hängt davon ab, wie der Körper sie vor dem Hintergrund seiner stets wechselnden Verfassung versteht. Ein etwa bei Alkoholikern oder Krebspatienten häufiges Gen hat somit keine absolute Konsequenz, sondern ist nur ein Faktor in einem hochkomplexen Bedeutungsgeflecht, in dem DNA, Umwelt und der Innenzustand des Organismus eine Mischung eingehen. Ob das Erbgut sich durchsetzen kann, lässt sich allein auf Grund seines Vorhandenseins nicht voraussagen.

Kull ist, gerade weil er eine so andere Sicht favorisiert, mit dem Genomprojekt durchaus einverstanden. Er erwartet interessante Ergebnisse – zu denen ausgerechnet die Erkenntnis gehören könnte, dass die zu Grunde liegende Theorie korrigiert werden muss. Kulls Kollege, der Biochemiker Richard Vilems, fasst das Genomprojekt ohnehin als gewaltige Under-Cover-Aktion auf. Als Werbemaschine für Forschungsgelder, die in Wahrheit einem anderen Zweck dienen als effizienter Genmedizin. Deren Erfolgshoffnungen seien Opium für die Pharmaindustrie, meint er: „Die meisten Ergebnisse der Genetiker sind für die Medizin völlig irrelevant. Sie werden von der Biologie selbst gebraucht." Für ihre Suche nach einer besseren Theorie, als es die Genetik ist. □

MERIAN | INFO Universität Tartu

Mit dem Projekt der nationalen Gendatei knüpft die Universität von Tartu (Dorpat) an ihre Glanzzeit als wissenschaftliches Zentrum des Baltikums im 19. Jahrhundert an. Hier lehrten u. a. Karl Ernst von Baer, der 1827 die Eizelle der Säugetiere entdeckte, und Alexander Schmidt, der die Prinzipien der Blutgerinnung beschrieb. 1632, also zur Zeit des Dreißigjährigen Krieges, hatte Schwedenkönig Gustav II. Adolf in Nürnberg das Gründungsdekret für die Academia Gustaviana in Dorpat unterschrieben, um seinen europäischen Anspruch zu demonstrieren und den Protestantismus zu stärken. Während des schwedisch-russischen Krieges stellte die Universität 1710 ihren Lehrbetrieb ein. Erst nach der Neugründung 1802 durch Zar Alexander I. (das klassizistische Hauptgebäude wurde 1809 eingeweiht) errang Dorpat weltweit wissenschaftlichen Ruhm.

Hauptgebäude an der Jaani-Straße

Später beseitigte die Russifizierung alle liberalen Strömungen an der alma mater; bis 1893 war nur in deutscher Sprache gelehrt worden, und enge Verbindungen gab es vor allem zu Heidelberg. Mit zwei Millionen deutschsprachigen Büchern (Gesamtbestand: fünf Millionen) ist die Uni-Bibliothek bis heute eine der bedeutendsten für das 18. und 19. Jahrhundert. *Tartu Ülikool,* die traditionsreiche Hochschule, ist als Keimzelle estnischen Nationalbewusstseins für die Esten weit mehr als eine Universität. Hier fand 1869 das erste große Sängerfest statt, hier wurde der estnische Studentenverein gegründet, dessen Fahne zur Nationalflagge wurde. Gegenwärtig sind rund 17 500 Studenten in Tartu immatrikuliert. Schwerpunkte sind die medizinisch-biologische Forschung und die Laseroptik, außerdem Umwelttechnologien und Philologie.

>> weitere Tipps im Info-Teil ab Seite 110

Andreas Weber, *Jahrgang 1967, lebt als freier Autor bei Hamburg.*

www.focus.de

Höchster Punkt.

Tiefster Punkt.

Auf den Punkt.

Miss Balticum

Pariser Eleganz, bohemehaftes Prager Flair, aggressives Moskauer Geschäftsgebaren – in Riga wächst zusammen, was selten zu vereinen ist. Im Sommer platzt die ungekrönte Königin der baltischen Metropolen vor Energie und verwandelt sich in einen Laufsteg cooler Schönheiten

Text: Andrzej Rybak, Fotos: Knut Müller

Riga
Lettland

Baltic Beauties: Nachtschwärmer in einer Altstadt-Disco und das 2001 restaurierte Haus der Schwarzhäupter, der im Mittelalter gegründeten Gilde junger Rigaer Kaufleute (rechts im Bild)

Backstein und kühle Blonde

Jeder Sonnenstrahl ist willkommen: An den Kaffeehaustischen am Domplatz genießen Studenten, Rundfunkleute und Banker den Tag und das frische Bier

Im Zentrum Rigas gibt es mehr als 800 Jugendstilbauten. Dieses Prachtexemplar in der Elizabetes iela (Elisabethstraße) ist an Üppigkeit kaum noch zu übertreffen

Hochburg des Jugendstils

Metropole am Strom

Die Stadtkirchen und das Schloss beherrschen das Panorama von Vecrīga, der Altstadt. Pārdaugava jenseits der Düna hält mit dem Fernsehturm dagegen

Von Fabelwesen flankierte Fassaden in der Albertstraße

Der Uhrturm nahe dem Freiheitsdenkmal – Rigas beliebtester Ort für Verabredungen

Von der Bucht ziehen Wolken auf. Ihr Licht- und Schattenspiel lässt Türme, Dächer, Mauern wie Strahlenblitze aufleuchten, und der Betrachter begreift: Dies ist die elegante Silhouette einer stolzen Hansestadt.

Kaum eine andere Stadt an der Ostsee kann auf eine so wechselvolle Geschichte zurückblicken. In kurzen Abständen folgten Kriege und Eroberungen, Unterjochung, Völkermord und Deportation. Riga blieb dennoch kosmopolitisch. Die deutschen Gründerväter verliehen der Stadt hanseatische Züge, später prägten Polen, Schweden und Russen ihr Antlitz. Riga saugte alle Einflüsse auf. Es wurde zu einem Schmelztiegel, in dem sich die verschiedenen Völker und ihre Kulturen ergänzen.

In der Altstadt vermischen sich bohemehafte Prager Gemütlichkeit und die kühle Eleganz von Paris, die Weltläufigkeit Berlins und aggressive Geschäftigkeit von Moskau. Riga ist die ungekrönte Hauptstadt der drei baltischen Länder: „Die Vergangenheit war hier vielleicht größer als die Gegenwart, doch auch diese ist noch ansehnlich genug", scherzt Vijtauts Bruvelis, Vorsitzender des Verbands lettischer Touristenführer.

Im Sommer scheint Riga, wie alle nordischen Länder, geradezu vor Vitalität zu bersten. Die Erinnerungen an winterliche Kälte und Dunkelheit, an Nieselregen, Nebelschwaden und Grippeanfälle sind wie weggefegt. Nichts kann die Menschen mehr zu Hause halten, es wird gefeiert und getanzt, getrunken und geflirtet.

Die Altstadt wandelt sich zum Laufsteg schöner Frauen, die in hohen Stöckelschuhen über das Kopfsteinpflaster tänzeln, als würden sie die Schwerkraftgesetze in Frage stellen wollen. „Die Rigaerinnen sind sehr modebewusst", sagt Jolanta Senele, Redakteurin der lettischen Ausgabe von *Cosmopolitan*. „Die Schönheit zu zeigen ist ein Teil des Lebensgefühls. Hier unterdrückt niemand den Wunsch nach Selbstdarstellung. Riga ist eine verrückte Stadt, beim Nachtleben können wir mit Westeuropa mühelos Schritt halten." In der Stadt gibt es acht große Model-Agenturen, immer wieder werden lettische Mannequins zu Foto-Shootings ins Ausland eingeladen.

In den Sommernächten ist der Schlaf in Riga kurz. Restaurants und Musikkeller, Discotheken und Nachtclubs quellen über. „In Riga ist die Partycrowd lebhafter als im Westen", loben ausländische DJs mit Lettland-Erfahrung. Saturday Night Fever steckt an: Viele lettische Jugendliche arbeiten hart, um ihren Lohn am Wochenende auf den Kopf zu hauen.

Im Mai 2003 flippte Riga fast aus. Die Stadt richtete für sieben Millionen Euro den Grand Prix d'Eurovision aus, nachdem die lettisch-russische Interpretin Marie N im Jahr zuvor den Schlagerwettbewerb gewonnen hatte. „Das hat das Selbstwertgefühl der Letten mächtig gestärkt", glaubt der lettische Komponist Raimonds Pauls. „Hoffentlich ist Riga bekannter geworden, denn es geht einem auf die Nerven, wenn man im Ausland ständig gefragt wird, ob die Stadt in Schweden oder in Russland liegt."

Das historische Zentrum wurde 1997 von der Unesco zum Weltkulturerbe erklärt. Aus guten Gründen. Riga war von Anfang an eine Stadt der Superlative: Schon 1282 trat sie der Hanse bei und erhielt kurz danach eine städtische Bauordnung. Sie kann auf die erste weltliche Schule der Region, die erste öffentliche Bibliothek und das erste Museum für Stadtgeschichte verweisen. Auch politisch war Riga Vorreiter: Die geistlichen und weltlichen Herren der Stadt einigten sich bereits 1452 auf eine Doppelherrschaft. Die Reformation setzte sich

ÜBER GESCHMACK LÄSST SICH STREITEN.

ÜBER STIL NICHT.

Und plötzlich wird Ihr Zuhause einfach schöner – mit A&W, Deutschlands stilbildendem Magazin für Architektur, Wohnen, Style und Garten. Entdecken Sie, was die Gegenwart prägt: in Reportagen über individuelle Häuser, Wohnungen und Gärten oder in Porträts und Interviews mit Architekten und Designern. Im guten Zeitschriftenhandel oder im Abonnement unter Telefon 040/87 97 35 40 und www.awbooks.com

schnell durch, der Protestantismus entsprach offensichtlich dem Geist der Handelsmetropole.

Nach der Eroberung durch das schwedische Heer 1621 war Riga die größte Stadt Schwedens. Deutsch blieb die wichtigste Sprache, auch nach Einzug der Russen im Jahr 1710. Im 19. Jahrhundert blühten Wirtschaft und Kultur: Riga wurde nach Moskau und St. Petersburg zur wichtigsten Industriemetropole des Russischen Reichs. Sie wuchs so schnell, dass die alten Befestigungsanlagen bald neuen Wohnvierteln und Parkanlagen Platz machen mussten. Um 1900 wurden mehr als 800 Häuser in schönstem Jugendstil erbaut.

Nach der Unabhängigkeit 1991 hat das Leben in Riga an Tempo gewonnen. Das historische Zentrum wurde aufwändig restauriert, und die Baulücken aus dem Zweiten Weltkrieg sind weitgehend geschlossen. In der Altstadt haben sich Banken, Botschaften und Büros, Ministerien, Hotels und Restaurants eingerichtet. „Die Altstadt lebt, sie atmet und schwitzt", freut sich Toms Zvirbulis, der seit 1993 die Kunstgalerie Noktirne leitet.

Rund um den Backsteindom pulsiert das Leben. Smarte Banker in dunklen Anzügen spurten über das Kopfsteinpflaster in die Börse, Redakteure und Musiker bahnen sich den Weg in die Studios des lettischen Rundfunks, Scharen von Touristen eilen zum Orgelkonzert in den Dom. Die Soldaten der Ehrenwache zu Füßen der Freiheitsstatue auf dem Brīvības-Boulevard verziehen keine Miene, wenn sich die Fotoapparate der Touristen auf sie richten. 1987 kam es hier zu den ersten lettischen Demonstrationen gegen das Moskauer Regime.

Das scheint in weiter Ferne. „Noch nie in unserer Geschichte konnte sich das Land sicherer fühlen", sagt Präsidentin Vaira Vīķe-Freiberga, die 1944 als Siebenjährige mit ihren Eltern nach Deutschland floh, später in Kanada lebte und erst 1998 in die Heimat zurückkehrte. Und dennoch fehlt Riga die Distanz zu der Zeit, als Moskau das Leben bestimmte. Über die Bewertung der Vergangenheit, das Verhältnis zum sowjetischen Erbe und den zugewanderten Russen wird in Riga stürmisch gestritten. Dabei gehen die lettischen Behörden nicht immer mit Geschick vor. Die komplizierten Einbürgerungsprozeduren und ein strenges Sprachengesetz sorgten mehrmals für Kritik europäischer Gremien. Nun streiten beide Volksgruppen über die bevorstehende Schulreform, die den Unterricht auf Russisch an Grundschulen nach 2004 untersagt. Von diesen Spannungen ist im Alltag wenig zu spüren. Russische und lettische Jugendliche sind Freunde, rund 30 Prozent aller Ehen in Lettland sind gemischt.

Es gibt auch viel neureiche Pracht in Riga. „Wir erleben seit Jahren einen fantastischen Boom", sagt Rūdolfs Berziņš, Chef der Baufirma Ionica, „und ein Ende ist nicht abzusehen." Teure Boutiquen sprießen wie Pilze nach einem warmen Regen, in den Vororten entstehen riesige Einkaufszentren, Kneipiers überbieten sich mit ausgesuchtem Design, Nobelkarossen rollen durch die Straßen. „Wir haben die höchste Cabrio-Dichte in den nördlichen Breiten", scherzt der Autojournalist Aldis Zelmenis.

Wenn sommerlicher Morgennebel über der Stadt liegt, ist Riga am schönsten. Möwengeschrei kündet vom Anbruch des Tages, die letzten Nachtschwärmer eilen durch die Altstadt, an dem Denkmal der lettischen Schützen vorbei streben Arbeiter zum Hafen, aus Kaffeehäusern dringt der Duft frisch gebrühten Kaffees. Riga erwacht wieder zum Leben. □

Andrzej Rybak, *1958 geboren, koordiniert die Osteuropa-Berichterstattung der* Financial Times Deutschland. *Er lebt in Hamburg.*
Knut Müller, *Jahrgang 1952, freier Fotograf in Hamburg, bereiste auch das baltische Hinterland (s. Seite 98).*

>> Info zu Riga s. S. 118

Durch ein Wohnhaus gebrochen: das Schwedentor aus dem Jahr 1698

Kunst in der Altstadt: Galerist Toms Zvirbulis und die Malerin Elizabete Melbarzde

17 Monate – 17 Architekten

Ein Kalender von September 2003 bis Januar 2005

Spontane Entwürfe sind oft die spektakulärsten. In lockerer Atmosphäre, beim Essen hingekritzelt auf eine Serviette – so ist schon manches architektonische Wunderwerk geboren worden. Die Pinakothek der Moderne hat Serviettenskizzen von weltbekannten Architekten, darunter so illustre Namen wie Tadao Ando, Meinhard von Gerkan und Christoph Ingenhoven in einer aufsehenerregenden Ausstellung präsentiert. Die originellsten Skizzen hat die Redaktion A&W Architektur und Wohnen für diesen 17-Monats-Kalender ausgewählt. Damit können Sie sich die nächsten knapp eineinhalb Jahre von amüsanten Visionen architektonischer Kreativität begleiten lassen.

Format: 49 x 69 cm, Preis: **€ 39,–** incl. Porto und Verpackung (nur innerhalb Deutschlands), Preis für Abonnenten von A&W Architektur & Wohnen: **€ 29,–** (bitte Abo-Nummer angeben – dieses Angebot gilt auch, wenn Sie jetzt erst Abonnent werden). Einfach bestellen bei der Leser-Hotline **040-87 97 35 40**, per Telefax unter **040-27 17 20 79**, per E-Mail: leserservice@jalag.de oder unter www.awbooks.com.

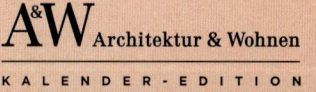

Text: Emanuel Eckardt, Foto: Guus Krol

Nichts fürchteten die Sowjets so sehr wie die nationalen Lieder großer baltischer Chöre. Sie waren die stärkste Form des Widerstands und der Selbstbehauptung. Hoch geachtete, gefeierte Musiker wie der Este Arvo Pärt und der Lette Gidon Kremer tragen den eigentümlichen Zauber baltischer Klänge in die Welt

Partituren der inneren Stimmen

„Wenn die Esten in Not sind, singen sie", heißt ein Sprichwort. Die Not war groß, die Esten sangen sich frei. Auch in Litauen gab es Terz. „Die Litauer singen lieber als dass sie reden", weiß der Präsident, der sie in die Freiheit führte, Vytautas Landsbergis, ein Musikwissenschaftler. Mit Gesangsdemonstrationen begann ihre „Singende Revolution", die sie schließlich aus der Umarmung des russischen Bären befreite. Chorfeste mit vielen tausend Stimmen haben im Baltikum Tradition. Lieder waren die Sprache des Volkes, unterwanderten den kulturellen Firnis der deutsch-baltischen Oberschicht und später der Sowjetmacht.

Tief wurzelt die musikalische Kultur der baltischen Staaten. Doch groß sind die Unterschiede in der Mentalität, in Traditionen und Religionen. Jedes Volk spricht eine andere Sprache. Gemeinsam war ihnen nur das Schicksal, Zankapfel gewalttätiger Großmächte zu sein; gemeinsam ertrugen sie den deutschen Einmarsch und die Sowjetherrschaft. Ihre Lieder brachte niemand zum Verstummen.

Die Ursprünge der estnischen Lieder liegen mehr als 5000 Jahre zurück. Der Komponist Veljo Tormis, 73, lotet tief in die Vergangenheit, verwandelt die Klänge der fernen Zeit in wundersam schlichten Chorgesang, Hirtenrufe, Gebete, Litaneien und Kinderlieder, archaisch klingende Geschichten. Er sammelt die Lieder des alten Livland, Runenlieder, Stimmen des Mittelalters und vorchristlicher Kulturen. „Ich benutze nicht das Volkslied", sagt der Komponist, „das Volkslied benutzt mich." Der Zauber der baltischen Klänge wirkt. Baltische Komponisten finden Gehör.

Der Este Arvo Pärt, 68, unter sowjetischer Herrschaft still gelegt wegen seiner Schöpfungen religiösen Inhalts, durfte 1980 mit seiner jüdischen Frau Nora und zwei Kindern nach Israel ausreisen. Von dort zog er nach Wien und über ein Stipendium des DAAD nach Berlin, wo er bis heute lebt.

Nach einer selbst verordneten „Phase des Schweigens" fand er zu einer neuen Sprache der Komposition, die er „Tintinnabuli" nannte, nach dem lateinischen Wort für Glocken, Musik von himmlischer Ruhe inspiriert und von innerer Kraft beseelt. Sie wird in Hospizen gespielt, als letzter Trost für Menschen, die dem Tod entgegensehen. Es ist ein eigenartiger Zauber um Pärts Schöpfungen, die international Kult-Status genießen.

Der Glaube beflügelt auch den Letten Pēteris Vasks, 57, Sohn eines Baptistenpastors, der das Leiden seines Volkes

Der Kulturbotschafter und seine Jünger

vertont und fernes Licht in seine Partituren hineinwebt. Als seine Schwester starb, schrieb er „Musica dolorosa", eine Totenklage. Seine Symphonie für Streicher entstand 1991, „inmitten der agonieartigen Exzesse des Sowjetimperiums und des gewaltlosen Widerstandes der baltischen Völker." Aufgewühlt notiert er: „Panzer. Blut. Opfer in Litauen und Lettland. Die unvergesslichen Nächte und Tage auf den Barrikaden. An dem Tag, als ich die Partitur beendete, am 14. Juni 1991, wehten in allen drei baltischen Ländern die Flaggen auf Halbmast. 50 Jahre zuvor, am 14. Juni 1941, hatten die ersten Massendeportationen unter der Sowjetmacht stattgefunden. In vergitterten Waggons wurden hunderttausende von Balten in sibirische Todeslager deportiert." Die Wandlung vom Sowjetmenschen zum Individuum war ein schmerzlicher Prozess. Gidon Kremer, berühmtester aller baltischen Musiker, hat ihn beschrieben. Die Titel seiner Bücher treffen genau: „Kindheitssplitter" und „Zwischen Welten". Kremer, 1947 in Riga geboren, Meisterschüler von David Oistrach am Moskauer Konservatorium, Sieger des Tschaikowsky- und des Paganini-Wettbewerbs, gehörte wie Schachweltmeister oder Kosmonauten zur Elite im Sowjetreich. 1977 forderte er die Staatsmacht heraus, als er völlige Reisefreiheit verlangte, ohne die sowjetische Staatsbürgerschaft aufgeben zu müssen. Ein unglaublicher Vorgang. Der Cellist und Dissident Mstislav Rostropowitsch warnte ihn: „Man kann nicht mit einem Tiger Schach spielen." Aber Kremer gewann die Partie.

Im Westen wird er gefeiert. „Der beste Geiger, den wir haben", so Herbert von Karajan. Doch der scheue Lette weicht dem Starrummel aus, will sich ganz auf die Musik konzentrieren. Er zieht nach Paris, gastiert in international renommierten Konzerthäusern, ein viel beschäftigter Virtuose. In Österreich findet er ein Refugium, wo er sich in Ruhe auf seine Konzerte vorbereiten kann. Er ist nicht gern allein. Bald schart er Musiker um sich, Komponisten, Freunde aus der Heimat, aus Osteuropa, dann aus aller Welt. Die Zuflucht wird ein Widerstandsnest, eine Pirateninsel für Freibeuter schwer erziehbarer Musik, die vierte baltische Republik, auf fremdem Territorium gegründet, im hintersten Burgenland, an der Grenze zu Ungarn.

Der Name klingt wie ein Friseursalon: Lockenhaus, ein Dorf mit vielleicht 900 Einwohnern, einem Musik liebenden Pfarrer, einer wunderschönen Barockkirche und einer etwas unheimlichen Burg. Aus dem Rückzug in die Stille wird das Kammermusikfest Lockenhaus, 1981 gegründet, eine Werkstatt frei schwingender Tonkunst, anspruchsvoll und verspielt zugleich, mit internationalen Stars ohne Rummel (und ohne Gage) und einem Publikum mit offenen Ohren, das sich auf neue, unerhörte Musik einlässt und auf ein Programm der Kontraste. 1997 gründet Kremer sein eigenes Orchester, die Kremerata Baltica, einen fulminanten Klangkörper junger Musikerinnen und Musiker aus Lettland, Litauen und Estland. Ihre gemeinsame Sprache ist Russisch. Sie spielen in Lockenhaus und reisen nach Argentinien und Brasilien, Japan und New York.

Neue Töne aus dem Baltikum, nicht nur beim Grand Prix d'Eurovision. Erkki-Sven Tüür, 43, einst Rockmusiker und einer der erfolgreichsten Komponisten seiner Generation, geht unbefangen mit Traditonen um. Er lässt Orchester rocken oder geheimnisvoll flüstern. Robuste Störungen wechseln mit zartestem Geigenflirren. Seine erste Oper, „Wallenberg", wurde 2001 an der Dortmunder Oper aufgeführt. In Berlin landet der Litauer Anatolijus Senderovas, 58, einen Achtungserfolg: Für sein machtvolles Cellokonzert, 2002 live aufgenommen beim Young Euro Classic Festival im Konzerthaus am Gendarmenmarkt in Berlin, erhält er den Europäischen Komponistenpreis 2002. Das Werk widmet er dem Meistercellisten David Geringas, einem Schüler von Mstislav Rostropowitsch. Als Professor in Lübeck und an der Hanns-Eisler-Musikhochschule in Berlin brachte Geringas internationalen Nachwuchs der Topklasse auf den Weg. Der Cellist, der 1975 in den Westen emigrierte, sieht inzwischen die Freiheit als Problem: „Der amerikanische Einfluss ist groß. Das sowjetische System hatte viele Fehler, aber es hat die Kinder von der Straße geholt. Sie haben sich mit Musik beschäftigt, mit Dingen, die für ihre Intelligenz und ihre Entwicklung wichtig waren. Kinder, die so aufwachsen, sind viel kreativer als Kinder, die ohne Orientierung in völliger Freiheit leben."

Gidon Kremer im Kreis von Musikern seines 1997 gegründeten Orchesters Kremerata Baltica

Die neue Generation ist frei von Zwängen. „Jenen Sinn des Musikmachens, wie wir ihn in der Sowjetunion empfanden – als eine Art Widerstand, als Aufopferung, gar als ‚vertontes Gewissen' –, haben nur noch sehr wenige junge Musiker im Kopf", stellt Gidon Kremer nüchtern fest. Beim letzten Kammermusikfest in Lockenhaus hat er einer jungen Geigerin die wichtigen Soloparts überlassen. Baiba Skride, 22, stammt aus einer Musikerfamilie in Riga. Wie einst Gidon Kremer hat sie mit vier Jahren angefangen, Geige zu spielen. Der Klang ihrer Geige ist sinnlich, manchmal auch von himmlischer Reinheit. Vielleicht fehlt ihm ein Schatten von Schmerz, von Trauer und Zorn. Vielleicht ist das gut so. □

Emanuel Eckardt *ist freier Journalist in Hamburg.*

>> *Musik-Tipps siehe im Info Teil auf Seite 112*

Die kleine

Text: Stefan Scholl, Fotos: Knut Müller

Baltisches Hinterland: Nirgends ist die Vergangenheit so gegenwärtig, die Zukunft noch so ungewiss. Notizen von einer 2470 Kilometer langen Reise abseits der großen Transitstraßen. Zu Menschen, die Kühe melken und Steine klopfen, selbst gebrannten Wodka trinken und Berlin erobert haben

Weites Land, saftiges Gras, geringe Erträge: Für viele Kleinbauern ist das Milchgeld das einzige Einkommen

Freiheit

LITAUEN

Sowjetisches Outfit, orthodoxer Geist: altgläubige russische Landjugend in Kolkja am Peipussee

ESTLAND >>>

MERIAN-Autor Stefan Scholl unterwegs bei Vastseliina in Estland

Ein einsamer Strand, Sand wie feuchter Goldstaub, schön wie alles Verwunschene. Ein halbes Jahrhundert war die lettische Nordwestküste militärisches Sperrgebiet, ein Jahrzehnt Freiheit hat den Bann nicht gebrochen. Die Luft ist sanft, im Sand liegt „Eva". Ihre Haut ist glatt, leuchtet wie die Haut der Meerjungfrauen, die sich dort draußen verbergen. Auch „Eva" will hinaus: ein junger und doch sehr altmodischer Fischkutter. Ein paar Meter weiter wartet ein riesiger rostgelber Traktor. *Proktor, made in USSR,* steht auf seinen sandverklebten Reifen. Das Monster wird Eva abschleppen, hinein in die See.

Wir aber wenden uns ab, gehen zum Auto, wir fahren dort los, wo die Ostsee der Westen ist, aber wir wollen nicht auf die See, sondern auf die baltischen Straßen, in die Dörfer, zu den Menschen.

Die Reklameschilder am Straßenrand von Liepāja (Libau) sind so bunt und billig wie Plastiktüten: *Unibanku,*

ESTLAND >>> LETTLAND >>>

Neues Idyll im Ex-Sperrgebiet: Fischkutter „Eva" am Strand bei Mazirbe, einst sowjetische Militärzone

Autoremonts, Viesnica. Dahinter stehen die gleichen Plattenbauten, die auch Marzahn noch verschandeln. Die Garnison des ehemaligen Kriegshafens ist zerstört wie nach heftigen Luftangriffen, alte Männer in Baseballmützen und blauen Arbeitsanzügen klettern in den roten Backsteinruinen herum, klopfen und hämmern.

Auf einem drei Meter hohen Trümmerhaufen kauert eine kleine Frau mit großen, hübschen Augen, ihre Stoffschuhe sind braun vom Staub. Auch sie schlägt mit Hammer und Brecheisen auf alte Mauerstücke ein. „Ich heiße Walentyna. Und das hier ist besser als gar keine Arbeit." Sie lächelt wie eine Dame, die Rosenstöcke beschneidet. Für jeden Stein bekommt Walentyna einen Santims, umgerechnet eineinhalb Cent, 200 Steine schafft sie, verdient zwei Lati, also drei Euro am Tag. Walentyna ist Polin, hat aber immer hier gelebt, in der Maschinenfabrik gearbeitet, früher. „Jetzt bin ich 47, ich habe zwei Kinder, meinen Mann rausgeworfen, weil er gesoffen hat." Die lettische Staatsbürgerschaft besitze sie noch nicht, sie spricht zwar fließend Lettisch, aber der Antrag kostet 15 Lati, mehr als eine Woche Steineklopfen, das spart sie sich. „Früher hatten wir Geld, aber es gab nichts dafür zu kaufen. Jetzt sind die Geschäfte voll, aber wir haben kein Geld", diesen Stoßseufzer kann man überall hören, wo Arbeiter und Bauern leben im ehemaligen Sowjetreich. Doch Walentyna lächelt wieder mutig: „Dafür sind wir frei, können reisen, wohin wir wollen."

Auf den Wiesen staksen Störche, hin und wieder torkeln Betrunkene über die Straße, langbeinige Mädchen auf Tourenrädern radeln vorbei. Aber vor allem sind alte, metallic-graue Audi 100 unterwegs, wiederaufgetragene deutsche Automode der achtziger Jahre. Es gibt wenig Kurven, aber viele Grenzübergänge. Ein junger Zöllner nimmt unsere Papiere in Empfang, eilt in seinen Blechcontainer, kommt mit seinem Chef zurück: „Sie können hier nicht durch." Der Chef spricht sogar deutsch. „Ist nur ein kleiner Übergang, tut mir leid, ist nur für Leute von hier, schade." Es ist ihm sichtlich peinlich, wie weit die lettisch-litauische Grenzbürokratie noch von Europa entfernt ist. „Entschuldigen Sie. Diese Scheiße."

Der Berg ist rund und niedrig wie alle Berge im Baltikum. Vielleicht zehn Meter erhebt er sich über die Ebene von Šiauliai (Schaulen), er rauscht, klirrt und klackert. Der Wind bewegt unzählige kleiner Kreuze, Kruzifixe und Rosenkränze aus Metall, Holz oder Elfenbein, die in Trauben an größeren Kreuzbalken hängen. Niemand weiß, ob hier 40 000 oder 120 000 Kreuze stehen. Die ersten wurden 1831 aufgestellt für Rebellen, die bei einem niedergeschlagenen Aufstand gegen die russische Fremdherrschaft umgekommen waren. Später errichtete man Kreuze für die litauischen Toten der Weltkriege, dann für die Opfer der Sowjetdiktatur, die Kommunisten ließen sie immer wieder fällen, die Litauer stellten sie immer wieder auf, manche landeten deswegen

>>> >>> LITAUEN >>>

Stiller Trott ohne Agrartechnik: Jungbauer mit Tochter auf Panjewagen nahe bei Tauragnai

Happy hour in Mustvee: Am Peipussee sind Estland und Russland auf Tuchfühlung

Zeichen des Danks und des Widerstands, des Glaubens und Aberglaubens: der Berg der Kreuze bei Šiauliai

Realer Elch-Test nicht ausgeschlossen: Landstraße zwischen Vastseliina und Võru

ESTLAND >>> >>>

in Sibirien. Jetzt ist Litauen frei, der Berg ein Wallfahrtsort geblieben.

Unten am Parkplatz steht ein schnauzbärtiger Litauer und verkauft Halskreuze aus versilbertem Blech. „Vor acht Jahren habe ich selbst ein zwei Meter langes Kreuz von Vilnius nach hier geschleppt, für die Toten vom Fernsehturm." 1991 walzten Sowjetpanzer vor dem Fernsehturm in Vilnius eine Menschenkette der litauischen Unabhängigkeitsbewegung nieder. „Ich wollte auch zum Fernsehturm, aber ich lag krank im Bett." Ein Regenbogen hängt über dem Berg, gelbgrünrot wie die litauischen Nationalfarben. Fast kitschig schön.

Ein Straßenschild nördlich von Druskininkai. Wir bremsen, ein Schlag von hinten, es scheppert. Zwei litauische Autos waren so dicht hinter uns, dass wir alle drei karambolierten. Die beiden Fahrer schlendern unter Regenschirmen um ihre Wagen herum, einer lächelt traurig, der andere ruft per Handy die Polizei. Die Nasen ihrer Autos gleichen angeschlagenen Ostereiern, während unsere Stoßstange wie durch ein Wunder nichts abbekommen hat.

Aber mir schwant Böses: Erst gestern forderte ein fülliger Verkehrspolizist 150 Litai (umgerechnet 43 Euro) von uns, weil unser Auto, das einzige mit ausländischem Kennzeichen weit und breit, im Parkverbot stand. Er drohte bei Nichtbezahlung mit sofortigem Führerscheinentzug. Wir retteten uns, indem wir ihm erzählten, dass wir unterwegs seien, um einen Artikel über baltische Gastfreundschaft zu schreiben ...

Sein Kollege hier trägt die gleiche marineblaue Uniform. Aber er redet fast gar nichts, studiert den Straßenbelag und sein Zentimetermaß. „Sie sind nicht schuld", sagt er. „Ihre Hintermänner haben den Abstand nicht eingehalten." Er wendet sich an seine Landsleute: „Abstand muss man halten."

Südlich von Molėtai sind wir abgebogen und zuckeln jetzt auf hügeligen Sandwegen zwischen Wiesen voller violettem Fingerhut und himmelblauen Seen. Die Dörfer hier sind winzig, ein paar Häuser und Ställe, Zäune gibt es nicht. Ein Dutzend Kinder juchzt und winkt. Als wir aussteigen, rennt die Schar mit Gebrüll davon, als wären wir Außerirdische und wollten Fangen mit ihnen spielen. Ein hagerer Mann mit Stirnglatze tritt uns entgegen, er lächelt, ein Zahn fehlt. „Johan heiße ich."

Johan ist 37, verheiratet und hat vier Kinder. Eigentlich hat Johan wenig Grund zu lächeln, keine Arbeit, nur seinen Hof, drei Hektar Land, bestellt mit Kartoffeln und Korn, für den Eigenbedarf, zwei Schweine, zwei Kühe, die Milch verkauft er für umgerechnet acht Cent pro Liter, seine einzige Geldquelle. „Und ich habe keine Ahnung, was die Zukunft bringt." Johan und die Seinen sind durch das Verteilungsraster der EU-Gelder gefallen, wie tausende Dörfer und Einzelhöfe im ländlichen Osten des Baltikums, vergessene Freilichtmuseen der untergegangenen Planwirtschaft.

Johans Nachbar, ein Greis von 78 Jahren, gesellt sich zu uns. Auch er lacht, vier Lücken und ein Stahlzahn. „Als junger Kerl habe ich Berlin erobert, damals, 1945, ich war bei der Infanterie." Nach dem Krieg hätten sie ihn und die anderen Litauer noch drei Jahre bei der Armee gehalten, aus Schikane. „Aber unter Breschnjew haben wir ganz gut gelebt, wir hatten hier eine Sowchose. Jetzt sollen wir ja in die Europäische Union. Viele sagen, dann ginge es uns noch schlechter. Was haltet ihr Deutschen davon? Wollt ihr auch in die Union? Wenn ihr wieder nach Deutschland kommt, grüßt mir alle in Berlin."

Wie man zur Ordensburg Neuhausen bei Vastseliina kommt? In der Schlange vor dem Geldautomaten am Supermarkt steht Andres, 27, er gibt gerne Auskunft. „Da wollen wir auch hin, meine Freunde und ich. Wartet, ich steige bei euch ein und zeige euch den Weg." Andres' Englisch klingt eher amerikanisch als estnisch. Er trägt dunkelblaue Shorts, sonst ist er nackt, die Haut pellt sich rosa auf seinen Schultern: „Den Sonnenbrand habe ich von einem Basketballturnier in Locarno. Da arbeite ich seit zwei Jahren als Webdesigner. Aber ich bin genug gereist, habe in den Staaten gelebt, in Malaysia und jetzt in der Schweiz, ich will zurück nach Estland, auch wenn ich hier nur 1000 Euro verdienen kann und nicht 6000 wie dort." Er ist zum Mittsommernachtsfest gekommen. „Früher waren

LETTLAND >>> LITAUEN >>>

wir ja alle Heiden, bis ihr verdammten Deutschen gekommen seid." Er grinst und zeigt auf die rote Ruine der Ordensburg Neuhausen, die vor uns auftaucht. Wir sind etwas enttäuscht von ihrem Anblick: Sie sieht aus, als hätten die Ordensritter vor 650 Jahren eine Brandschutzmauer an den Talgrund gebaut. „Erst die Deutschen, dann die Schweden, dann die Russen. Immer fremde Herren. Wer weiß, wie lange diesmal unsere Freiheit dauert." Andres nimmt einen kräftigen Schluck Bier aus der Dose (wohl nicht sein erster heute) und fügt hinzu: „Lacht nicht! Die Geschichte ist unberechenbar."

Die Wanddielen der Holzkirche sind skandinavisch blassgrün gestrichen, der Turm ist lutherisch spitz, aber darüber leuchtet der Doppelbalken eines orthodoxen Kreuzes. Auf der Dorfstraße von Kolkja steht Jestafij, ein Russe, ein Erzrusse: 35-jähriger Nachfahr der Altgläubigen, die im 15. Jahrhundert die alten nationalen gegen die neuen griechischen Riten verteidigen wollten, deshalb in Russland verfolgt wurden und hierher geflohen sind, ans estnische Ufer des Peipussees. Estnisch sprechen wir nur ein paar Worte", erklärt Jestafij, „aber niemand unterdrückt uns." Nur der Fischfang sei jetzt strenger reglementiert. „Wir dürfen nicht mehr mit Netzen, nur noch mit Reusen fischen. Man muss sein Handwerk verstehen, um zu überleben. Aber im Übrigen können wir nicht klagen."

Jestafij und seine Brüder werden das Mittsommernachtsfest auch feiern, und sie werden – entgegen den strengen Sitten der Altgläubigen – sogar Alkohol trinken. „Selbst Gebrannten, wir trinken nur selbst Gebrannten, bei dem, was heute alles als Wodka verkauft wird. Erst letztes Jahr sind in Pärnu (Pernau) 59 Leute gestorben, an mit Methylalkohol versetztem Schnaps." EU hin, EU her,

Auch die neue Freiheit hat ihre Schranken: lettisch-litauischer Grenzübergang bei Nīgrande

MERIAN | TIPP

Runter von den großen Straßen, rauf auf Sandwege, rein in die Dörfer – wer wissen will, wie die baltischen Länder abseits der Hauptstädte, von Tartu, Klaipėda und Kaunas, aussehen, hat kaum eine andere Wahl, als im Pkw über Land zu reisen. Zu entdecken ist eine Welt, die für Mitteleuropäer die Aura des Gestrigen hat.

Zu beachten ist allerdings Folgendes:
1. Bei weitem nicht alle **Grenzübergänge** sind auch Passierstellen für Autotouristen; offizielle Grenzstationen s. MERIAN-Karte Seite 131.
2. An den Übergängen herrscht Papierkrieg: Für jedes Land wird eine eigene **Autoversicherung** verlangt.
3. Halbwegs komfortable **Provinzhotels** sollte man nicht in Kleinstädten und Dörfern suchen.
4. Das **Essen** ist relativ europäisch mit einem Schuss Soljanka; sehr gut sind oft die örtlichen Biersorten. Verpflegung vom Zwieback bis zur Banane gibt es in lokalen Supermärkten. Ausländer werden freundlich, aus sprachlichen Gründen oft aber wortlos bedient.

>> mehr Tipps im Info-Teil ab S. 110

Von Mazirbe über Molėtai nach Kolkja: auf Nebenwegen durchs Baltikum

---

der gemeinsame Nenner zwischen Russen und Balten drückt sich noch immer in Alkoholprozenten aus.

Zehn Kilometer weiter nördlich teilt ein Strand das Schilf. Ich steige aus dem Auto, hinein in den See. Das Wasser reicht mir bis zu den Knöcheln, dann bis zu den Waden, ich gehe und gehe, der See wird nicht tiefer. Vor über 750 Jahren schlug ein estnisch-russisches Heer auf dem zugefrorenen Peipussee die Ordensleute, hunderte Ritter kamen ums Leben, das Ende des katholischen Drangs gen Osten. Nach 300 Metern kann ich endlich schwimmen. Jetzt bin ich dort angekommen, wo das Baltikum Westen ist. Der See gleicht einem stahlgrauen Meer, das in der Ferne gegen den langsam verblassenden Abendhimmel stößt. Nach weiteren zehn Minuten immer noch Boden unter den Füßen. Der Horizont im Osten scheint noch ferner entrückt. Als trennten mich vom großen Russland dahinter nicht 30 Kilometer, sondern schon ein Ozean. Ich gebe auf und wate zurück, dorthin, wo es Richtung Europa geht. □

Stefan Scholl, 1962 geboren, ist freier Journalist in Moskau. Er arbeitet an einem Buch über die Rehabilitation deutscher Jugendlicher in Sibirien.

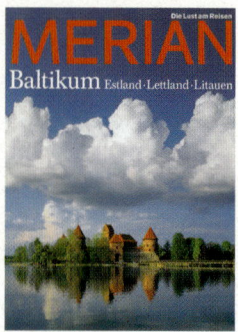

Titel: Raimondas Paknys fotografierte auf einer Insel im Galvė-See die Burg Trakai

Bildnachweis

Anordnung im Layout:
o=oben, u=unten, r=rechts, l=links, m=Mitte
Foto: Titel: Raimondas Paknys; S. 3 ol Michael Müller, u Peter Hirth; S. 4 Knut Müller; S. 4/5 R. Paknys; S. 5 o Marc-Oliver Schulz, m K. Müller, ul P. Hirth, ur Gregor Lengler; S. 8 o Ivan Aivazovsky, m Bodo Müller/KPA/ E-Lance Media, ul Lembit Michelson, ur Jochen Staudacher; S. 10 o P. Hirth/Transit, u G. Lengler; S. 12 m K. Müller, u J. Staudacher; S. 14-21 M.O. Schulz; S. 22/ 23 Giovanni Simeone/Huber; S. 24 o Dorothea Schmid, u P. Hirth/Transit; S. 25 Serge Sibert / Cosmos/ Agentur Focus; S. 26-29 Toma Babovic, S. 30/31 Christian Bäck, S. 32 Juozas Polis; S. 33 Rolf Frei, S. 34 T. Babovic; S. 36-45 G. Lengler; S. 46-54 P. Hirth; S. 56-63 M.O. Schulz; S. 64-65 Ints Lusis, S. 66/67 G. Lengler; S. 67 K. Müller, S. 68-77 G. Lengler; S. 80-82 Alfred Pasieka/SPL/ Agentur Focus; S. 82 u Volkmar E. Janicke; S. 84, 90/91 P. Hirth /Transit; S. 92 o Paul Mahrt; S. 85-94 K. Müller; S. 96/97 Guus Krol; S. 98-107 K. Müller; S. 110 R. Paknys; S.111 o P. Hirth/Transit, m M.O. Schulz; S. 112 Planetobserver.com M-Sat; S. 113 M.O. Schulz; S. 114 o Martin Kirchner/ Laif, u G. Lengler; S. 115 G. Lengler, r Hans-Georg Roth/imagine; S. 116 o G. Lengler, u P. Hirth/Transit; S. 116/117 T. Babovic; S. 117 P. Hirth/Transit; S. 118, S. 119 K. Müller; S. 120 o P. Hirth, u K. Müller; S. 121 o T. Babovic, m, u Christian Nowak; S. 122 o M.O. Schulz, u Glen Allison / Photodisc Grün/ getty images; S. 123 P. Hirth/Transit; S. 124 o Guido Cozzi/ Atlantide/Schapowalow, u Klaudijus Driskius; S. 125 o P. Hirth/ Transit, m, u M.O. Schulz; S. 126 o Christian Bäck, u Annika Haas; S. 127 Ch. Nowak; S. 128 l G. Lengler, r A. Haas; S. 129 P. Hirth/ Transit; S. 130 J. Scott Applewhite/AP; S. 134 o P. Hirth/Transit; S. 135 u Ch. Nowak; S. 137 o Christian Eusterhus; S. 138 l Stéphane Frances/ Hémisphères, ro Perry Joseph/Trip, ru Gernot Huber/Laif

MERIAN

Heft 10/2003, Oktober, Erstverkaufstag dieser Ausgabe ist der 25. 09. 2003
MERIAN erscheint monatlich im Jahreszeiten Verlag GmbH, Poßmoorweg 5, 22301 Hamburg
Tel. 040/27 17-0, Fax 040/27 17-20 56 **Anschrift der Redaktion:** Harvestehuder Weg 42, 20149 Hamburg
Postfach 130444, 20139 Hamburg, E-Mail: Redaktion@Merian.de, Tel. 040/441 88-231, 441 88-240
Fax 040/441 88-310 **Website:** www.merian.de **Leserservice:** Postfach 601220, 22212 Hamburg
Tel. 040/87 97 35 40, Fax 040/27 17 - 20 79

Herausgeber:
Manfred Bissinger
Chefredakteur: Andreas Hallaschka
Art Directorin: Sabine Lehmann **Chef vom Dienst:** Tibor M. Ridegh **Redakteure:** Kathrin Sander, Charlotte von Saurma, Thomas Gebhardt (freie Mitarbeit), Thorsten Kolle (freie Mitarbeit)
Redakteurin dieses Heftes: Helga Thiessen **Schlussredaktion:** Tibor M. Ridegh, Jasmin Wolf (stv.)
Layout: Cornelia Böhling, Katharina Holstein-Sturm (freie Mitarbeit), Ingrid Koltermann, Dorothee Schweizer (stellv. Art Directorin) **Bildredaktion:** Hanni Rapp, Michael Kleehaupt (freie Mitarbeit), Eva M. Ohms **Bildredakteurin dieses Heftes:** Hanni Rapp
Kartographie: Peter Münch **Dokumentation:** Jasmin Wolf, Andrea Wolf (freie Mitarbeit)
Mitarbeit: Christian Eusterhus, Thomas Mader, Christian T. Schön, Petra Mellmann
Herstellung: Karin Harder **Redaktionsassistenz:** Sabine Birnbach, Katrin Eggers
Geschäftsführung Premium Magazine: Peter Rensmann
Gesamt-Anzeigenleitung: Roberto Sprengel **Anzeigenleitung:** Christel Janßen
Anzeigenstruktur: Patricia Hoffnauer **Marketing:** Kenny Machaczek, Ulrich Rieger, Sonja Wünkhaus
Vertriebsleitung: Jörg-Michael Westerkamp (Zeitschriftenhandel), Jan Wiesemann (Buchhandel)
Verantwortlich für den redaktionellen Inhalt: Andreas Hallaschka
Verantwortlich für Anzeigen: Roberto Sprengel

Verlagsbüros Inland:
Hamburg: Tel. 040/27 17-25 95, Fax -2520, E-Mail: vb-hamburg@jalag.de
Berlin: Tel. 030/80 96 23-60, Fax -70, E-Mail: vb-berlin@jalag.de
Hannover: Tel. 0511/85 61 42-0, Fax -19, E-Mail: vb-hannover@jalag.de
Düsseldorf: Tel. 0211/901 90-0, Fax -19, E-Mail: vb-duesseldorf@jalag.de
Frankfurt: Tel. 069/97 06 11-0, Fax -44, E-Mail: vb-frankfurt@jalag.de
Stuttgart: Tel. 0711/966 66-520, Fax -22, E-Mail: vb-stuttgart@jalag.de
München: Tel. 089/99 73 89-30, Fax -44, E-Mail: vb-muenchen@jalag.de

Repräsentanzen Ausland:
Basel: Intermag AG, Tel. +4161/275 46-09, Fax -10, E-Mail: info@intermag.ch
Brüssel: Publicitas Media, Tel. +322/639 84-29, Fax -40, E-Mail: ibellis@publicitas.com
Danderyd: Annonsbolaget JB Media AB, Tel. +46/8753 96 04, Fax 708753240, E-Mail: anette@annonsbolaget.se
Frederiksberg: Jungersted & Brostrøm, Tel. +45/33 22-20 20, Fax -9959, E-Mail: gitte.schuler@jbmedia.dk
London: The Powers Turner Group, Tel. +44 20/7630 99 66 Fax 76 30 99 22, E-Mail: cweiss@publicitas.com
Mailand: Media & Service International Srl, Tel. +39 02/48 00 61 93, Fax 48 19 32 74, E-Mail: info@it-mediaservice.com
Paris: International Magazine Company, Tel. +331/53 64 88 91, Fax 45 00 25 81, E-Mail: imc@international.fr
Madrid: AMB Publicidad y Marketing, S.L., Tel. +34 91/300-54 54, Fax -5181, E-Mail: ambp@retemail.es
Wien: Verlagsbüro Kepreda, Tel. +43 1/87 71 78-2, Fax 877 87 11, E-Mail: 1@kepreda-jahreszeitenverlag.at
New York: The Russell Group Ltd., Tel. +12 12/213 11-55, Fax -60, E-Mail: info@russellgroupltd.com

Die Premium Magazin Gruppe im Jahreszeiten Verlag

Gültige Anzeigenpreisliste: Nr. 37c.
Das vorliegende Heft Oktober 2003 ist die 10. Nummer des 56. Jahrgangs. Diese Zeitschrift und die einzelnen Beiträge und Abbildungen sind urheberrechtlich geschützt. Jede Verwertung außerhalb der engen Grenzen des Urheberrechtsgesetzes bedarf der Zustimmung des Verlages. Keine Haftung für unverlangt eingesandte Manuskripte und Fotos. Preis im Abonnement im Inland monatlich 6,37€ inklusive Zustellung frei Haus. Der Bezugspreis enthält 7% Mehrwertsteuer. Auslandspreise auf Nachfrage. Postgirokonto Hamburg 132 58 42 01 (BLZ 200 100 20)
Commerzbank AG, Hamburg, Konto-Nr. 611657800 (BLZ 200 400 00)
Führen in Lesemappen nur mit Genehmigung des Verlages. Printed in Germany

Weitere Titel im Jahreszeiten Verlag: Für Sie, petra, vital, PRINZ, A&W Architektur & Wohnen, COUNTRY, DER FEINSCHMECKER, WEINGourmet, schöner reisen, ZuhauseWohnen, SelberMachen
Litho: Alphabeta Druckformdienst GmbH, Hamburg. Druck und Verarbeitung: heckel GmbH, Nürnberg, schlott sebaldus gruppe
ISBN: 3-7742-6810-X MERIAN (USPS No. 011-458) is published monthly. The subscription price for the USA is $ 110 per annum. K.O.P.: German Language Publications, Inc., 153 South Dean Street, Englewood NJ 07631. Periodicals postage is paid at Englewood NJ 07631, and at additional mailing offices. Postmaster: send address changes to: MERIAN, German Language Publications, Inc. 153 South Dean Street, Englewood NJ 07631.

Ein Unternehmen der
GANSKE VERLAGSGRUPPE

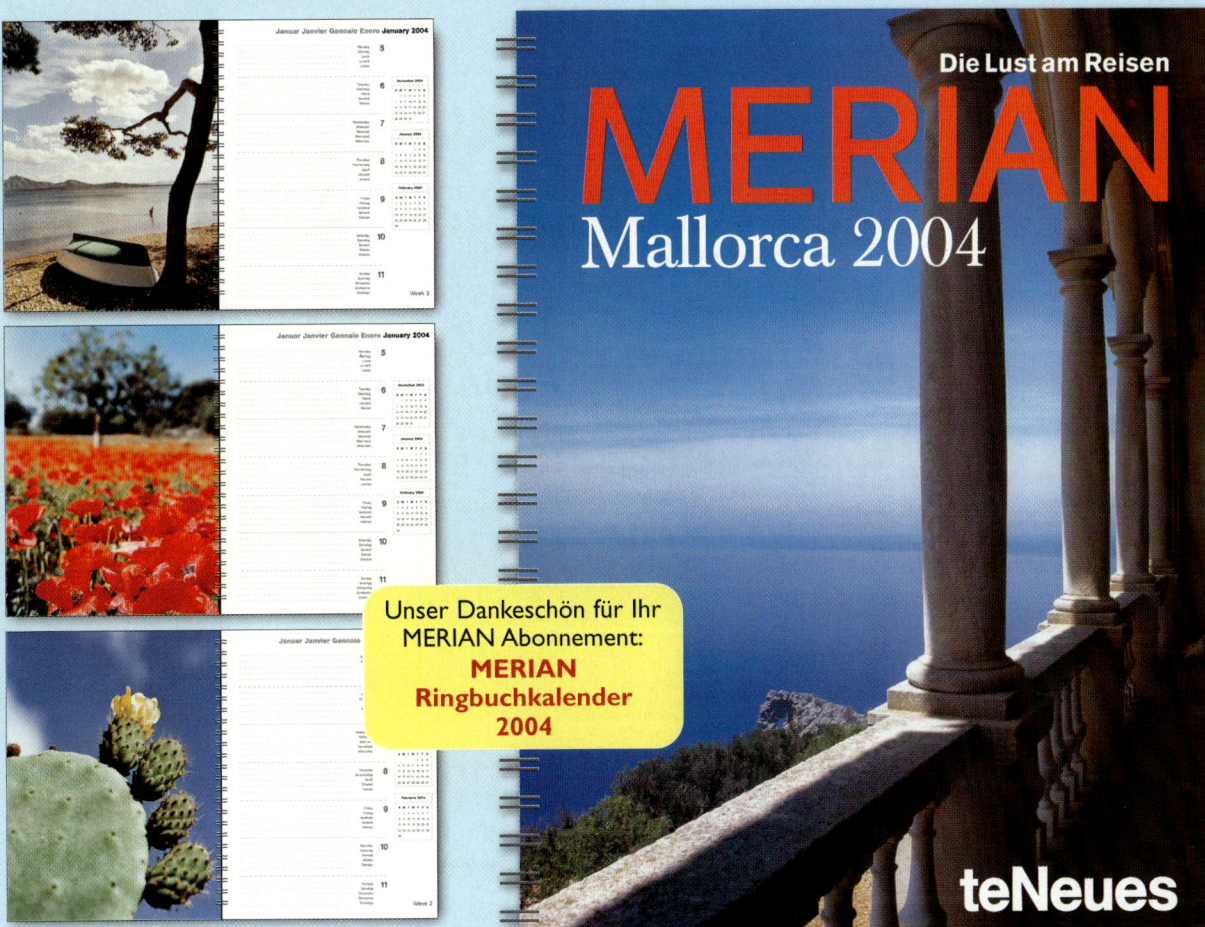

INFO Service

MERIAN-Top Ten

Was Sie unbedingt sehen, unternehmen und erfahren sollten:
1. **Tallinn** (Estland) Grazile Kirchtürme, schön restaurierte Häuser, eine imposante Stadtmauer: bestes Panorama von Domberg oder Rathausturm.
2. **Restaurant Olde Hansa** (Tallinn) Speisen in stilvollem Ambiente – so haben Kaufleute der Hanse einst getafelt.
3. **Saaremaa** (Estland) Idyllisch und verwunschen: Insel des sommerlichen Ferienglücks.
4. **Riga** (Lettland) Einzigartiges Ensemble prachtvoller Jugendstilhäuser.
5. **Gauja-Nationalpark** (Lettland) Fast menschenleere Wald- und Hügellandschaft. Eldorado für Naturfreaks.
6. **Rundāle und Jelgava** (Lettland) Schönste Barockschlösser des Baltikums.
7. **Vilnius** (Litauen) Eine der besterhaltenen Altstädte im Osten Europas.
8. **Trakai** (Litauen) Sehenswertes und beliebtes Ausflugsziel von Einheimischen aus Vilnius und Umgebung.
9. **Berg der Kreuze** (Litauen) Wallfahrtsort mit Tausenden von Kreuzen: ergreifend.
10. **Kurische Nehrung** (Litauen) Absoluter Höhepunkt: Sonnenaufgang oder -untergang auf der großen Wanderdüne von Nidden.

Einfahrt in den Hafen von Klaipėda und ins Kurische Haff; rechts die bewaldete Spitze der Nehrung

Klaipėda und Nehrung in Sicht

Es gibt viele Wege in die baltischen Länder. Die Reise mit der Fähre von Kiel über die Ostsee ist die schönste Annäherung

Die Litauen-Stimmung beginnt schon am Kieler Ostuferhafen: Neben dem Check-in liegt das Bistro „Nida". An der Wand hängen Fotos von der Kurischen Nehrung. Die Dame hinter uns kommt aus Litauen. Daher, wohin die 21-stündige Schiffsreise über die Ostsee führt, von Kiel nach Klaipėda (Memel). Einen Nachmittag, einen Abend, eine Nacht, einen Morgen. Ohne Passkontrolle kommt keiner an Bord. Die Schlange beim Zoll ist lang. Hier fährt eine Fähre, kein Luxusdampfer. Für Passagiere auch, vor allem: für Fracht. Hier trifft Heimweh-Tourist auf Lkw-Fahrer, der eine macht Urlaub, der andere bloß Pause. Neben litauischen Lastern werden Fahrräder verladen, Motorräder, Wohnmobile, Neugier im Gepäck.
Zartblau ist der Himmel, als das Schiff Kurs auf die Ostsee nimmt. An Deck tummeln sich Reisende auf Plastikstühlen, atmen Meer. Vor dem Bordrestaurant warten Hungrige. Die Essenszeiten sind getrennt, verrät das Schild an der Tür. Erst die Lkw-Fahrer, dann die Passagiere. Doch das nimmt keiner so eng. Man probiert sogar den Saft, der so sonderbar pink ist.
Auf dänischen Inseln tauchen irgendwann Windräder auf. Ein paar Segelboote vor der Küste bei Rostock. Die Route führt an Rügen vorbei, an Bornholm, aber dann ist längst Nacht. Langsam schleicht sich der Abend heran. An der Bar wird fast nur litauisch gesprochen, Karten gespielt, geraucht. Die Cocktailsessel tragen praktische Muster und die Urlauber ihren Rotwein an Deck.
Er sei schon überall in Europa gewesen, erzählt ein älterer Herr, heute ginge es also ins Baltikum. Andere waren schon mal vor Jahren da, zur Sowjetzeit oder kurz nach der Wende. Was aus den Ländern geworden sei seither, möchte man jetzt wissen. Rund 29 260 Passagiere reisten 2002 mit der Fähre von Kiel nach Klaipėda. Im ersten Halbjahr 2003 waren es bereits 21 420. Die einen zieht es nach Riga zum Sängerfest, andere an die Kurische Nehrung, „unbedingt mal diese Dünen sehen". Und einer wird in Tartu (Dorpat) ins Telefonbuch schauen, auf der Suche nach einer Schüler-Brieffreundschaft: „Vielleicht lebt sie noch da, wer weiß." Zeit ist genug. Für Reisetipps und Muße. Man lernt sich kennen, kommt ins Gespräch. Schließlich hat man etwas gemeinsam: Man mag ihn nicht so recht, den Massentourismus, hat in Buchhandlungen lange nach Reiseführern gesucht und kennt sie, die Frage: „Was willst du da?"
Also sitzt man an Deck, irgendwie zufrieden. Den Parka an, Salzgeruch in der Nase und freut sich ein wenig, dass noch nicht alle wissen, wie spannend, wie anders und wie schön es dort ist. Am nächsten Vormittag taucht die Kurische Nehrung auf. Ein Streifen Land. Grün zunächst, langsam mit hellem Sand. Gegen Mittag kommt die Fähre an, gleitet ins Haff. Die Nehrung zur Rechten, während links die Kräne von Klaipėda winken. *Andrea Walter*

AUSKUNFT

Baltische Tourismuszentrale
Katharinenstr. 19
10711 Berlin
Tel. (030) 89009091
Fax 89009092
info@gobaltic.de
www.gobaltic.de

ESTLAND

Tallinn s. Seite 115
Weitere Fremdenverkehrsämter u. a. in Haapsalu, Kuressaare, Narva, Pärnu, Tartu

LETTLAND

Riga s. Seite 119
Weitere Fremdenverkehrsämter u. a. in Cēsis, Jurmāla, Kuldiga, Liepāja, Sigulda und Ventspils

LITAUEN

Vilnius s. Seite 123
Weitere Fremdenverkehrsämter u. a. in Druskininkai, Kaunas, Klaipėda, Palanga, Trakai, Nida

ANREISE

Mit dem Auto
Zwischen Polen und Litauen gibt es zwei Grenzübergänge, auf der Via Baltica bei Kalvarija und etwas weiter südlich bei Lazdijai. Für Estland, Lettland und Litauen ist die Grüne Versicherungskarte erforderlich, für Litauen muss bis ca. Ende 2003 an der Grenze noch eine Versicherung abgeschlossen werden. Bei der Einreise in alle drei Länder wird außerdem der Nachweis über eine Krankenversicherung benötigt, die den Rücktransport beinhaltet. Die Via Baltica ist die schnellste Verbindung zwischen Polen und Finnland und führt vom polnischen Suwalki über Kaunas, Riga und Tallinn. Relativ gut ausgebaute Landstraße mit kurzen Autobahnabschnitten.

Mit der Bahn
Täglich mehrere Verbindungen von Berlin über Warschau nach Vilnius mit Anschlussmöglichkeit nach Riga und Tallinn. Fahrtdauer zwischen 19 und 30 Std. Unbedingt auf den Streckenverlauf achten: Wer über Weißrussland einreist, benötigt ein Transitvisum.

Mit dem Flugzeug
Von Deutschland werden Tallinn, Riga, Vilnius, Palanga und Kaunas angeflogen. Abflughäfen in Deutschland sind Berlin, Düsseldorf, Frankfurt, Hamburg und Hannover, wobei einige Flüge über Kopenhagen gehen. Die Flugdauer beträgt zwischen 1,5 und 3,5 Std. Weitere Informationen und Buchungen bei den Fluglinien.

Estonian Air
Tel. (061 05) 20 60 70
Fax 20 60 78
resov@estonianair.de
www.estonian-air.com

Air Baltic
Tel. (061 05) 20 60 40
Fax 20 60 48
resbt@airbaltic.de
www.airbaltic.com

Lithuanian Airlines
Tel. (089) 55 25 33 41
Fax 54 50 68 55
resteger@aviareps.com
www.lithuanian-airlines.de

Mit dem Bus
Verschiedene Busgesellschaften bieten Fahrten in die baltischen Hauptstädte an.

Eurolines/Deutsche Touring
Tel. (069) 79 03 50
www.eurolines.com
www.deutsche-touring.com

Berlin Linien Bus
Tel. (030) 86 09 62 11
www.berlinlinienbus.de

Mit dem Schiff
Die folgenden Fährverbindungen sind eine sinnvolle Alternative zur Anreise über Polen.

Kiel–Klaipėda
Scandlines
Tel. (0381) 67312-17
Fax. 67312-13
buchung@scandlines.de
www.scandlines.de

Lisco Baltic Service
Tel. (0431) 20976-0
Fax. 20976-555
info@lisco-baltic-service.de
www.lisco-baltic-service.de

Sassnitz–Klaipėda
Lisco Baltic Service
Tel. (038392) 22681
(Di, Fr, So 12-16 Uhr)
www.lisco.lt/lisco/lines/lines.html

Lübeck–Riga
Latlines
Tel. (00371) 735 35 23
Fax 735 30 71
latlines@latlines.lv
www.latlines.com

Rostock–Liepāja
Scandlines
Tel. (0381) 543 53-09

INFO | INHALT

Service | SEITE 110
Top Ten. Unterwegs nach Klaipėda. Auskunft. Anreise. MERIAN-orbit. Klimatabelle. Buch-, Musiktipps. Festivals. Reiseveranstalter. Links im Internet

Estland | SEITE 114
Landesdaten. **Tallinn:** Stadtrundgang, Altstadt-Plan, Kirchen, Museen, Restaurants, Ausflüge.
Sehenswerte Orte: u. a. Narva, Otepää, Pärnu, Tartu, die Inseln Hiiumaa und Saaremaa

Lettland | SEITE 118
Landesdaten. **Riga:** Stadtrundgang, Altstadt-Plan, Kirchen, Museen, Jugendstil, Restaurants, Ausflüge.
Sehenswerte Orte: u. a. Cēsis, Jūrmala, Kuldīga, Salaspils

Litauen | SEITE 122
Landesdaten. **Vilnius:** Stadtrundgang, Altstadt-Plan, Barockkirchen, Universität, Museen, Paneriai, Restaurants, Ausflugstipp: Trakai.
Sehenswerte Orte: u. a. Kaunas, Klaipėda, Kurische Nehrung, Palanga, Šiauliai

Natur erleben | SEITE 126
Aktivurlaub in Nationalparks: zu Pferd, per Kanu. Fahrradtouren.

Geschichte | SEITE 130
Historische Grenzen auf vier Karten. Jahreszahlen: Ordensritter, Hanse, Sowjets

MERIAN-Karte | SEITE 131
Die drei Länder auf einen Blick. Straßen zum Rumkommen. Fährlinien zum Ankommen. Internationale Grenzübergänge

Über Nacht | SEITE 134
Unterkünfte in Herrenhäusern, Stadthotels und Bed & Breakfast

INFO | LEGENDE

Die Angaben zu den Ländern dienen der ersten Orientierung. Die Planquadrate der Adressen beziehen sich auf die MERIAN-Karte (S. 131-133)

Alle Adressen im Info-Magazin sind MERIAN-Empfehlungen. Die Adressen mit dem MERIAN-M bestechen durch ein hervorragendes Preis-/Leistungsverhältnis.
M sehr gut, MM herausragend, MMM nicht zu übertreffen.
Preiskategorien Hotels: € DZ unter 50 €, €€ DZ 50-100 €, €€€ DZ über 100-150 €, €€€€ DZ über 150 €.
Preiskategorien Restaurants (für ein Hauptgericht):
€ bis 10 €, €€ bis 15 €, €€€ über 15 €.

MERIAN-orbit Aus 705 km Höhe gesehen, fallen vor allem drei Merkmale des Baltikums ins Auge: die relativ unruhige Küstenlinie mit den vorgelagerten Inseln Hiiumaa und Saaremaa sowie die Ausgleichsküsten der Rigaer Bucht und der Kurischen Nehrung; die von Eiszeiten geformten Seenplatten entlang der estnisch-russischen Grenze (gut erkennbar der riesige Peipussee); die großflächigen Moore – durch bräunliche Färbung auffällig – in den Endmoränen-Landschaften. Als große Siedlungsflächen treten Tallinn im Norden und die Agglomeration von Riga an der Mündung der Düna hervor.

Fax 543 53-79
buchung@scandlines.de
Rostock–Tallinn
Silja Line
Tel. (0451) 589 92 22
Fax 589 92 43
info.germany@silja.com
www.siljaline.de

Einreise
EU-Bürger benötigen für einen Aufenthalt bis zu 90 Tagen kein Visum mehr, sondern nur einen gültigen Reisepass.

Notrufe
Estland
Feuerwehr 001
Polizei 002
Notarzt 003
Lettland und Litauen
Feuerwehr 01
Polizei 02
Notarzt 03

LESEN UND HÖREN
REISEFÜHRER

Baedeker, Baltikum
Estland-Lettland-Litauen, Verlag Karl Baedeker 2001, 19,95 €. Der bewährte Klassiker.

DuMont Richtig Reisen Litauen - Lettland - Estland Eva Gerberding, Ilze Gulens, Eva Kuhn, Verlag DuMont 2002, 22,50 €. Ausführliche Routenbeschreibungen und Hintergrundinfos.

Baltische Länder Claudia Marenbach, Michael Müller Verlag 2003, 21,90 €. Sorgfältig recherchierte praktische Informationen, sehr ausführlich, der perfekte Begleiter für Individualreisende.

Baltikum, Marco Polo Jan Pallokat, Birgit Johannsmeier, Mairs Geographischer Verlag 2003, 7,95 €. Passt in jede Tasche und gibt einen ersten Überblick.

Die Geschichte der Stadt Tallinn Raimo Pullat, Estopol (Tallinn) 2003. Reval von seinen Anfängen bis zum Zweiten Weltkrieg. Gründlich, gehört zur besten Lektüre dieser Art.

Litauen mit Kaliningrad Günther Schäfer, Reise Know-How 2003, 14,90 €. Detailliert, viele praktische Tipps.

Estland entdecken Klaus Schameitat, Trescher Verlag 2003, 16,95 €. Viel Hintergrund, umfassende Beschreibung der Sehenswürdigkeiten, relativ wenige praktische Tipps.

SACHBÜCHER

Litauen Marianna Butenschön, C. H. Beck 2002, 12,90 €. Kultur, Natur, Wirtschaft. Sehr fundiert.

Geschichte der Ostsee Wolfgang Froese, Casimir Katz Verlag 2002, 29 €. Ausführliche Gesamtdarstellung der Völker an der Ostsee.

Estland und **Lettland** Klemens Ludwig, C. H. Beck 1999 u. 2000, je 11,50 €. Länderkunde mit vielen Aspekten.

Von den Ufern der Memel ins Ungewisse Zwi Katz, Pendo 2002, 15 €. Eine Jugend im Zeichen des Holocaust.

Ich muss erzählen Mascha Rolnikaitė, Kindler 2002, 19,90 €. Beklemmendes Tagebuch aus dem Wilnaer Ghetto.

Geschichte des Baltikums Alexander Schmidt, Piper 2000, 13,90 €. Ein Überblick.

Litauen Ein literarischer Reisebegleiter, Claudia Sinnig, Insel Verlag 2002, 12 €. Ein Buch für alle, die das Land lesend begreifen wollen.

Ihr Lieben, schreibt mir nicht alles Livio Isaak Sirovich, Antje Kunstmann 2001, 21,90 €. Eine jüdische Familie in Litauen 1935-1941.

BELLETRISTIK

Litauische Claviere Johannes Bobrowski, Reclam Leipzig 1993, 17,90 €. Roman aus dem Memelgebiet, der Heimat des Autors.

Die Regenhexe Jurga Ivanauskaitė, Deutscher Taschenbuch Verlag 2002, 14,50 €. Drei Frauen, jede als Hexe verschrien, erzählen ihr Schicksal (s. auch S. 50)

Der Verrückte des Zaren Jaan Kross, dtv 2003, 11 €. Die wahrhaft verrückte Geschichte eines gefallenen Zargünstlings – gesättigt mit historischen Fakten und Anspielungen.

DATEN | WETTER

Tallinn	Jan.	Feb.	März	Apr.	Mai	Juni	Juli	Aug.	Sept.	Okt.	Nov.	Dez.
Mittl. Temp. in °C	-5	-6	-2	3	10	14	16	15	11	6	1	-3
Sonnenstd. pro Tag	1	2	4	6	9	10	9	7	5	3	1	1
Regentage	11	8	8	8	7	8	10	10	13	11	15	14
Wassertemp. in C°	1	1	1	2	5	11	15	16	13	9	6	3

Die Hauptreisesaison dauert von Juni bis September. Etwas später als in Mitteleuropa kommt der Frühling, und die Wälder färben sich schon im September herbstlich. In den letzten Jahren waren die Sommer außergewöhnlich warm und trocken, aber mit Regen und kühlen Tagen muss trotzdem gerechnet werden. Das Klima ähnelt dem im südlichen Skandinavien. Flache Küstengewässer und Binnenseen erreichen durch die lange Sonneneinstrahlung eine durchaus angenehme Badetemperatur.

Das Tal der Issa Czeslaw Milosz, Suhrkamp 2000, 12 €. Der Nobelpreisträger stellt die untergegangene Welt seiner Kindheit an der polnisch-litauischen Grenze in den Mittelpunkt des Romans.

HÖRBUCH

Wellen Eduard von Keyserling, Hoffmann und Campe 2002, 19,90 €. Eine schöne Liebesgeschichte im ehemaligen Kurland, der Heimat des Autors. Erzählt von Burghardt Klaussner.

PRESSE

Baltische Briefe
Verlag Wolf J. v. Kleist, D-22927 Großhansdorf. Abonnenten-Monatszeitschrift, u. a. mit aktuellen News und Nachrichten aus deutsch-baltischen Familien.

Baltische Rundschau
Rudninku 18/2, LT-2001 Vilnius. E-Mail: baltische-rundschau@gmx.net. Monatszeitung mit Meldungen und Berichten aus allen drei Ländern; auch von Deutschland aus zu abonnieren.

FESTE/FESTIVALS

Februar Karneval in Litauen.
April Internationales Jazzfestival Jazzkaar in **Tallinn**.
Mai Festival der klassischen Musik in **Vilnius**.
Juni Johannisfest (23. auf 24. Juni) in allen baltischen Ländern. Sonnwendfeuer, Tanz, Gesang.
Altstadttage in **Tallinn**, Live-Musik, Mittelalter-Markt. International besetztes Opernfestival in **Riga**.
Hansetage in **Tartu**, Ritterturnier, Kulturveranstaltungen.
Mittelalter-Festival in **Cēsis** (Lettland). Jazzfestival in **Klaipėda**.
Juli Großes Sängerfest 2003 waren Riga und Vilnius an der Reihe, 2004 ist **Tallinn** Ausrichter.
Bierfest Ollesommer in **Tallinn**.
Thomas-Mann-Festival in **Nida**.
Internationals Festival der Countrymusik in **Bauska** (Lettland).
Festival alter Musik in **Bauska** und im Barockschloss Rundale (Lettland).
August Opernfestival „Musiktage" in **Klaipėda**.

REISEVERANSTALTER

Mare Baltikum Reisen
Eichenstr. 27
20259 Hamburg
Tel. (040) 49 41 11, Fax 490 59 77, kundenservice@mare-baltikum-reisen.de
www.mare-baltikum-reisen.de

Schnieder Reisen/Cara Tours
Schillerstr. 43
22767 Hamburg
Tel. (040) 380 20 60
Fax 38 89 65
info@baltikum24.de
www.baltikum24.de

Ebden Reisen
Frankfurter Str. 54
35440 Linden
Tel. (064 03) 741 17
Fax 729 53
info@ebden-reisen.de
www.ebden-reisen.de

Nehrung Reisen
Am Martinshof 21
79263 Simonswald
Tel./Fax (076 83) 13 00
reisen@nehrung-reisen.de
www.nehrung-reisen.de

MUSIK-TIPPS

Tabula Rasa Arvo Pärt ECM New Series 1275 Gidon Kremer (Violine), Keith Jarrett (Klavier), Cellisten der Berliner Philharmoniker und das Litauische Kammerorchester.

Concerto in Do Anatolijus Senderovas, CD 21014 www.dreyer-gaido.de Cellokonzert mit David Geringas und dem Symphonie-Orchester der Litauischen Musikakademie.

Forgotten Peoples Veljo Tormis, ECM New Series 1459. Alte baltisch-finnisch-karelische Lieder, gesungen vom Estnischen Philharmonischen Kammerchor.

Flux Erkki Sven Tüür, ECM New Series 1673. Ein poetischer Kracher, gespielt vom Radio-Symphonie-Orchester Wien.

Balsis Peteris Vasks, Teldec 3984-22660-2 Symphonie für Streicher: Gidon Kremer und die Kremerata Baltica. Reminiszenz an den gewaltlosen Widerstand der baltischen Völker.

Christian Nowak, Autor des Info-Teils, ist freier Journalist und Fotograf in Berlin.

INFO Service

SITE-SEEING
TEXT: PETER GLASER

Dichtes Baltennetz
Virtuelle Touren von Klaipėda bis Kuressaare

Club Intro in Vilnius

„Saß inmitten dieser Männer, auf die Hand gestützt die Wange, lauschte auf der Sänger Lieder" – so erzählt das estnische Nationalepos „Kalevipoeg" von dem jungen Helden Kalev. Eine prima Übersicht, wo und wem heute im Baltikum gelauscht werden kann, findet man unter balticsww.com/rave.htm – Clubs von der „Mutant Disco" in Tallinn über das „Nobody Writes to the Colonel" in Riga bis zu den „Boogaloo"-Partymachern in Vilnius. Dazu gibt es Wissenswertes über die Länder, zu Hotels und Gastronomie sowie Sport- und Unterhaltungsangebote. Umfassender kundig machen kann man sich mit der aufs Baltikum spezialisierten Suchmaschine www.balticexplorer.com, in der Information von „Architektur" bis „Zeitungen" aufgefächert ist. Sehr gut sortiert ist www.ratgeber-estland.de (je nach Ziel durch lettland bzw. litauen ersetzen). Eine opulente Liste mit vor allem für Reisende interessanten Links ist auf der Site der Baltischen Tourismuszentrale (www.gobaltic.de) versammelt. Einen weiteren umfangreichen Katalog bietet die Linksammlung unter www.osteuropa-netzwerk.de/baltikum/index.htm. Die einzelnen Regionen des Baltikums sind mit reichlich eigenen Sites im Netz vertreten. Wem beispielsweise nach einer virtuellen Tour durch die estnische Hauptstadt Tallinn (www.tourism.tallinn.ee) oder die zweitgrößte Stadt des Landes, Tartu, ist (www.schneeland.com/tartutext.html), der kann sie ebenso bequem am Bildschirm absolvieren wie einen digitalen Ausflug auf die Insel Saaremaa (www.saaremaa.ee) mit ihren Naturparks und Windmühlen. Unter www.ciesin.ee/ESTONIA/map.html lassen sich auf einer interaktiven Karte die wichtigsten estnischen Städte direkt ansteuern. Auch Litauen lässt sich erst mal im Sitzen erkunden (www.inyourpocket.com/lithuania/en). Während die neuen Reichen bei St. Valentino in Vilnius italienisch speisen, kann man unter ausis.gf.vu.lt/eka/food/eating.html in die Frühzeit der berühmten litauischen Gastfreundschaft zurückblicken, in der die Menschen noch wussten, dass Besuch kommt, wenn die Katze sich das Gesicht zu waschen beginnt. Inzwischen kommt der Besuch vermehrt mit der Maus: Ein Klick auf www.vakarai.lt/klaipeda/naujienos.htm gibt den Blick frei durch eine Webcam auf die Stadt Klaipėda am Kurischen Haff oder unter www.webcamera.lv und www.viewlatvia.com in die lettische Hauptstadt Riga. Das Online-Magazin www.latviansonline.com erweitert die Sicht auf Lettland mit News und Foren, Videogalerien und Verweisen auf lettische Medien. Schließlich kann man unter www.latviaphotos.com mithilfe tausender Fotos in die Details gehen und findet, vom Museums-Special bis zur Hotelreservierung, darüber hinaus jede Menge weitere nützliche Infos. „Sveiki!", willkommen in Lettland.

INFO Estland

Landesdaten

Landesname
Eesti (EST)

Fläche:
45 226 km² (etwa wie Niedersachsen)

Einwohner:
1,4 Millionen (32 Ew./km²), rund 65 % Esten, 28 % Russen

Hauptstadt:
Tallinn (400 000 Ew.)

Natur:
Größter See: Peipsi (3555 km²); längster Fluss: Pärnu (144 km); höchster Berg: Suur Munamägi (318 m)

Währung:
Estnische Krone (EEK) = 100 Senti (1 Euro = 15,65 EEK)

Religion:
75 % protestantisch
20 % orthodox

Telefonieren:
Landesvorwahl: 00372, Tallinn hat keine Ortsvorwahl. Inlandsferngespräche beginnen mit 0 (wie in Deutschland).

Wirtschaft:
Arbeitslosenquote 10,3 %, Wachstum 5,8 %, durchschnittlicher Monatsverdienst 350 €. Hauptexportgüter: Elektronik, Holzprodukte, Textilien. Wichtigste Bodenschätze: Ölschiefer und Phosphorit
(alle Angaben: 2002)

Internet-Cafés

Escape
Tatari 4, *durchgehend geöffnet*
Hauptpost
Narva mnt. 1
Internetti?OK
Sakala 17/Tatari 13
tgl. 10–22 Uhr
Pitstop Mündi 2a
Mo-Sa 10–23, So 11–23 Uhr
Stockmann Liivalaia 53
Mo-Fr 9–21, Sa u. So 9–20 Uhr
Zentralbibliothek
Tõnismägi 2, *Mo-Fr 8.30–19.30 Sa 9–17.30 Uhr*

Kühler Klassizismus auf dem Domberg: das Stenbocksche Haus

SEHENSWERT TALLINN

❶ Ajaloomuuseum
(Historisches Museum) Münzen, Gemälde und archäologische Funde im Haus der Großen Gilde, deren Mitglieder im 14. Jh. zu den reichsten Kaufleuten und Reedern der Stadt gehörten.
Pikk 17, Tel. 641 16 30
Do-Di 11–18 Uhr

❷ Aleksander Nevski katedraali
(Alexander-Newski-Kathedrale) Russisch-orthodoxe Kirche mit weithin sichtbaren Zwiebeltürmen. Als Sinnbild der Russifizierung 1894–1900 erbaut.
Lossi plats 10, *tgl. 8–19 Uhr*

❸ Kiek in de Kök
Der Name des mächtigen Turms leitet sich vom niederdeutschen „Guck in die Küche" ab. Angeblich konnte man von den oberen Fenstern den Leuten in die Kochtöpfe schauen. Museum mit Dokumenten zur Stadtgeschichte.
Komandandi tee 2
Di-Fr 10.30–17.30, Sa u. So 11–16.30 Uhr

❹ Kolm õde
(Drei Schwestern) Drei besonders schöne Häuser aus dem 15. Jh., die ein Kaufmann für seine drei Töchter bauen ließ. Sie sind das Gegenstück zu den „Drei Brüdern" in Riga. Umbau zu einem Altstadthotel.
Pikk 71

❺ Niguliste kirik
(Nikolaikirche) Beispiel der im 13. Jh. im Ostseeraum verbreiteten „Kaufmannskirche" (der Dachstuhl diente auch als Warenlager). Die vorwiegend gotisch geprägte, 1944 zerstörte und wieder aufgebaute Kirche dient als Konzertsaal und Museum für Sakral-Gerätschaften. Bemerkenswert ist der Hauptaltar von Hermen Rode (1481) und das Gemäldefragment „Totentanz" (Ende 15. Jh.) des ebenfalls aus Lübeck stammenden Bernt Notke.
Niguliste 3
Tel. 644 99 11
*Di 17–20, Mi 15–21
Do-So 10.30–17 Uhr*

Hauptaltar von Hermen Rode

❻ Oleviste kirik
(Olaikirche) Benannt nach dem norwegischen König Olaf II. („der Heilige"), der die Christianisierung Nordeuropas betrieb. Erstmals 1267 erwähnt, mehrmals bis auf die Grundmauern abgebrannt, erhielt die dreischiffige Basilika ihr heutiges neogotisches Aussehen in der ersten Hälfte des 19. Jhs. Im Mittelalter war der (damals 159 Meter hohe) Turm der höchste der Welt.
Lai 50, *tgl. 10–14 Uhr*

❼ Okupatsioonimuuseum
(Okkupationsmuseum) Dokumentation der deutschen und sowjetischen Besetzung 1940-1991 in einem avantgardistischen gläsernen Bau.
Toompea 8, Tel. 650 52 80
Di-So 11–18 Uhr

❽ Paks Margareeta
(Dicke Margarete) In dem Geschützturm aus dem 16. Jh. befindet sich das Estnische Museum für Seefahrt mit u. a. alten Tauchausrüstungen und Dokumenten der Hansezeit.
Pikk 70, Tel. 641 14 08
Mi-So 10–18 Uhr

❾ Pühavaimu kirik
(Heiliggeistkirche) Erbaut im 13. Jh. von der Bruderschaft des Heiligen Geistes, im Mittelalter Krankenhaus und Ratskapelle. Nach der Reformation wurden in dem zweischiffigen Gotteshaus erstmals Gottesdienste in estnischer Sprache abgehalten. Sehenswert ist im Innern der Flügelaltar mit biblischen Szenen des Lübecker Meisters Bernt Notke aus dem Jahre 1483.
Pühavaimu 2, *tgl. 10–16 Uhr*

❿ Raeapteek
(Ratsapotheke) Eine der ältesten Apotheken der Welt, erstmals 1422 erwähnt: Da hatte sie

INFO Estland

TALLINN

Festung der Hanse
Rundgang durch das alte Reval

Tallinns Altstadt ist ein mittelalterliches Juwel, das diverse Kriege und auch die Sowjetzeit relativ unbeschadet überstanden hat und 1997 in die Liste des **Weltkulturerbes der UNESCO** aufgenommen wurde. Das Zentrum bildet der **Rathausplatz** (Raekoja plats) mit dem gotischen Rathaus und stattlichen Gebäuden rundum. Ein herrlicher Blick auf Stadt, Hafen und Bucht bietet sich von der Aussichtsplattform des **Rathausturms**. Das Wahrzeichen Tallinns, die Figur des Stadtknechts **Alter Thomas** (Vana Toomas), schmückt schon seit 1530 als goldene Wetterfahne die Turmspitze.

Das Gewirr der roten Dächer überragen mehrere Kirchtürme, von denen die **Olai- und die Nikolaikirche** sich am weitesten in den Himmel recken. Auch die prächtigen Kuppeln der orthodoxen **Alexander-Newski-Kathedrale** auf dem Domberg sind gut auszumachen, ebenso die Reste der **Stadtmauer**, die Tallinn früher zu einer der mächtigsten Festungen Nordeuropas machte. Heute ist der Verteidigungsring allerdings löchrig, denn nur noch rund die Hälfte der einst 45 Verteidigungstürme hat die Jahrhunderte überstanden.

Domberg: Schloss und Langer Hermann

Über das „Kurze Bein", eine steile Rampe mit vielen Stufen, oder das „Lange Bein", die nicht ganz so steile Aufstiegsvariante entlang der „Mauer des Misstrauens" zwischen Unter- und Oberstadt, führt der Weg auf den Domberg. Die Oberstadt war früher den Rittern vorbehalten, Kaufleute und das gemeine Volk mussten sich in der Unterstadt ansiedeln, was oft genug Anlass zu blutigen Auseinandersetzungen war. Die eindrucksvollsten Bauwerke auf dem Domberg bilden das **Schloss (die frühere Ritterburg)** mit dem **Langen Hermann**, dem größten erhalten gebliebenen Turm, und die spätgotische **Domkirche**, eines der ältesten Gotteshäuser Estlands mit unzähligen Wappenepitaphen des deutschbaltischen Adels. Idyllisch sind auch die engen Gassen auf dem Domberg und die klassizistischen Adelshäuser, die nach und nach saniert werden. Die Hauptgeschäftsstraße in der Unterstadt ist die **Viru-Straße**, die nach Osten vom **Viru-Tor** abgeschlossen wird. Der Weg führt aus der Altstadt hinaus auf den **Viruplatz**, mitten hinein ins moderne Tallinn mit breiten, verkehrsreichen Straßen und großen Geschäftshäusern. Einige haben mit vorgesetzten gläsernen Fassaden ein Facelifting bekommen und wurden zu modernen Konsumtempeln mit üppigem Warenangebot. Für Touristen ist Tallinn ein preiswertes Shoppingparadies. Besuche in Antiquitätenläden und Galerien sind lohnenswert.

Informationsbüro Tallinn
Niguliste 2/Kullassepa 4, Tel. 645 77 77, Fax 645 77 78
turismiinfo@tallinnlv.ee, www.tourism.tallinn.ee

---

aber schon den dritten Besitzer. Ausgestellt sind alte Utensilien und Anleitungen für Mixturen.
Raekoja plats 11
Mo-Fr 9-19
Sa 9-17, So 9-16 Uhr

⓫ Raekoda
(Rathaus) Gotischer Bau (1322 erstmals erwähnt) mit offenen Arkaden, steilem Satteldach und schlankem, achteckigem Turm. Bürgersaal mit pfeilergetragenem Gewölbe und Ratssaal mit Schnitzwerk

Rathaus: Tristan und Isolde

im ersten Stock. Nettes kleines Café im Erdgeschoss.
Raekoja plats 1, geöffnet
1.7.-31.8., Mo-Fr 10-14,
Turm 15.5.-15.9. tgl. 11-18 Uhr

⓬ Schwarzhäupterhaus
Beeindruckende Fassade im Stil der niederländischen Renaissance (1597) mit dem Mohrenkopf als Emblem des hl. Mauritus, der Patron der Gilde der unverheirateten Kaufleute war. Wunderschöne Tür. Das Haus selbst ist öffentlich nicht zugänglich.
Pikk 26

⓭ Toomkirik
(Domkirche) Kirche der deutschen Ritterschaft (13. Jh., später mehrfach umgebaut). Im Innern schöne Barockkanzel und -altar sowie viele Grabmäler und Wappenschilder des deutschbaltischen Adels.
Toomkooli 6
April-Okt. tgl. 9-16.30 Uhr

⓮ Toompea loss
(Burg und Schloss) Von der mittelalterlichen Burg auf dem Domberg sind heute nur noch die westliche und die nördliche Mauer sowie drei Türme erhalten, darunter der 45 m hohe Lange Hermann (Pikk Hermann). Die größten Umbauten (18. Jh.) gehen auf die russische Zarin Katharina II. zurück: Aus der Festung wurde ein repräsentatives Schloss. Heute ist es Sitz von Parlament und Regierung.

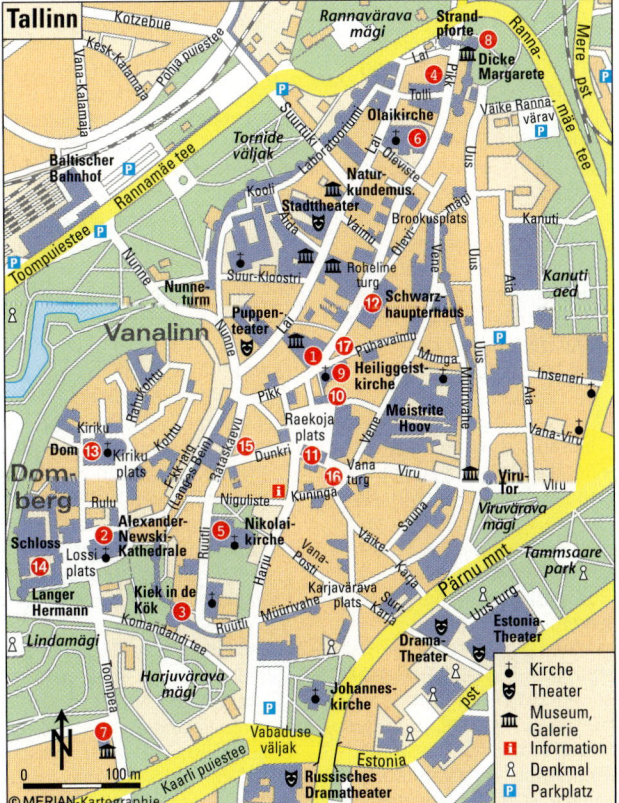

INFO Estland

MERIAN | TIPP

Rock, Pop und Pirouetten

Schon im 14. Jahrhundert haben die Tallinner Stadtfeste gefeiert, bei denen die besten Bogenschützen und die schönsten Frauen gekürt wurden. Lange geriet diese Tradition dann in Vergessenheit, bis 1982 Anfang Juni das erste Altstadtfestival eröffnet wurde. Von der großen Bühne beim Rathaus erklingen Rock und Pop, die etwas kleinere an der Kreuzung Uus-Vana- und Viru-Straße ist für traditionelle estländische Musik und Folkloregruppen reserviert. Auf dem Platz vor dem Soprus-Kino schmettern russische Chöre ihre mitreißenden Lieder oder drehen Ballettküken ihre Pirouetten zu klassischer oder Rock-Musik. Während dieser Tage platzt die Stadt aus allen Nähten, Kunsthandwerk und Souvenirindustrie erleben einen wahren Boom. Auch die Vergnügen für Kinder – beim „Kiek in de Kök" – stehen im Zeichen des Mittelalters. Mittlerweile gehören auch Sportevents zum Tallinner Altstadtfest, wie das witzige „Rat Race", ein Lauf treppauf, treppab durch die Altstadt.

Das Schwarzhäupterhaus als Kulisse beim Altstadtfest

Maiasmokk heißt „Süßer Zahn". Das Angebot ist entsprechend

RESTAURANTS
TALLINN

⑩ Balthasar M M
Knoblauch in allen Variationen.
Raekoja plats 11, Tel. 627 64 00
tgl. 12-24 Uhr € €

⑮ Kuldse Notsu Kõrts M M
Estnische Gerichte, unbedingt das hausgemachte Brot kosten.
Dunkri 8, Tel. 628 65 67
tgl. 12-24 Uhr €

⑯ Olde Hansa M M M
Erlebnisgastronomie vom Feinsten; u. a. Wildschwein mit Sauerkraut und Lachs, dazu warmes Honigbier oder Honigwein. Unbedingt reservieren.
Vana turg 1, Tel. 627 90 20
tgl. 11-24 Uhr € €

⑰ Maiasmokk M M
Café seit 1864. Der neue Besitzer hat den Charme des 19. Jhs. gekonnt aufpoliert. Im Obergeschoss Restaurant mit sehr guter Küche (Tipp: Linsensuppe mit Lammfleisch). Kleine Terrasse.
Pikk 16, Tel. 646 40 70
tgl. 12-23 Uhr €

ZIELE IN TALLINN

Kadriorg
(Katharinental) Der Park von Kadriorg mit dem schönen Barockschloss ist ein beliebtes Naherholungsgebiet der Tallinner. Zar Peter I. ließ die Sommerresidenz 1718-25 nach einem Entwurf von Niccolò Michetti für seine Frau Katharina 3 km östlich der Altstadt errichten. In den Innenräumen Gemäldeausstellung, sehenswert ist die mit Stuck verzierte Decke des Weißen Saales. Weizenbergi 37
Tel. 606 64 00
Di-So 10-17 Uhr

Pirita
(Brigittenbach) Austragungsort der olympischen Segelwettbewerbe 1980; heute wirken die Anlagen etwas vernachlässigt. 2 km langer Sandstrand zum Baden. Von den Ruinen des nahen Brigittenklosters aus dem 15. Jh. ist nur der beeindruckende Westgiebel der Klosterkirche erhalten. Im Sommer Theater im Klosterhof.
Merivälja tee 18
Kloster tgl. 10-18 Uhr

Rocca al Mare
Freilichtmuseum auf einem waldigen Gelände an der Kopli-Bucht 8 km außerhalb der Altstadt. Komplette Höfe, 70 historische Gebäude, meistens Bauernhäuser aus dem 19. Jh., Kirche, Mühlen und eine Dorfschänke. Sonntags häufig Folkloregruppen.
Vabaõhumuuseumi tee 12
Tel. 654 91 00, tgl. 10-20, Gebäude bis 18 Uhr

SEHENSWERT
ESTLAND

Meteoriten-Krater von Kaali
Auf der Insel Saaremaa, 18 km nördlich von Kuressaare, inmitten üppiger Vegetation. Der kreisrunde See mit grünlich schimmerndem Wasser hat einen Durchmesser von 110 m. Ein 1000 Tonnen schwerer Eisenmeteorit ist hier vor rund 4000 Jahren niedergegangen, in mehrere Teile zerbrochen und als Meteoriten-Schauer aufgeprallt, der noch acht weitere, weniger auffällige Nebenkrater gebildet hat. (C 3)

Haapsalu (13 000 Ew.)
(Hapsal) Die Altstadt liegt auf einer ins Meer vorspringenden Landzunge. Verwinkelte Gassen, Alleen und farbige Holzhäuser aus dem 19. Jh. sowie die Ruine einer Bischofsburg und die gut erhaltene Kirche aus dem 13. Jh. machen den Charme der Kleinstadt aus. Die flachen Gewässer um die vielen Eilande zwischen Haapsalu und der Insel Vormsi sind ein wahres Paradies für Bootsfahrten. Südlich von Haapsalu kommen im Naturschutzgebiet Matsalu laht Ornithologen auf ihre Kosten.
(D 2)
(s. Aktiv/Natur S. 126)

Hiiumaa (12 000 Ew.)
(Dagö) Die zweitgrößte estnische Insel (989 km^2) war in

Narva: Die Hermannsfeste auf der

der Sowjetära militärisches Sperrgebiet. Das Inselinnere ist von Kiefernwäldern und Mooren bedeckt, die Küste überwiegend steinig mit einigen Dünen und Sandstränden. Kärdla ist der einzige größere Ort mit touristischer Infrastruktur. Sehenswert sind der Leuchtturm auf der Tahkuna-Spitze im Norden und der Gutshof Suuremõisa. Auf der zerklüfteten Halbinsel Kõpu steht ein weiterer Leuchtturm, dessen Vorgängerbau um 1500 errichtet wurde. Mehrmals täglich Fährverbindungen zwischen Rohuküla (westlich von Haapsalu) und Heltermaa. (C 2)

Narva (74 000 Ew.)
Estlands östlichste Stadt ist durch den Fluss Narva vom russischen Iwangorod getrennt. Die früher wunderschöne Stadt wurde im Zweiten Weltkrieg fast vollständig zerstört. die Industrialisierung hat große ökologische Probleme hinterlassen. Die mächtige Hermannsfeste, die im 14. Jh. unter den Ordensrittern zum Konvent ausgebaut wurde, ist Stadtmuseum *(Mi-So 10-18 Uhr)*. 96 % der Einwohner sind Russen; Die Festung am Ostufer der Narva wurde von Iwan III. Ende des 15. Jh. erbaut. (G 2)

INFO Estland

Otepää (3000 Ew.)
(Odenpäh) In schöner wald- und seenreicher Landschaft mit dem 318 m hohen Suur Munamägi, der höchsten Erhebung Estlands. Im Winter Skilanglauf, im Sommer Baden im Pühajärv („Heiliger See"). (F 4)

estnischen Seite des Grenzflusses

Palmse
Das im Barockstil erbaute einstige Anwesen der deutschbaltischen Gutsherren von der Pahlen gleicht einem kleinen Schloss. Das gesamte Ensemble mit Wirtschaftsgebäuden, Brauerei, Brennerei, Schmiede und Badehaus ist besser als viele andere estnische Herrenhöfe erhalten. Weitläufiger Park mit alten Bäumen, Teichen und einem Palmenhaus. *(16. Mai.-31. Aug. tgl. 10-19 Uhr, Sept. tgl. 10-17 Uhr, Okt.- Apr. Di-Sa 10-15 Uhr).* (F 2)

Pärnu (52 000 Ew.)
(Pernau) Mit dem langen und bis zu 100 m breiten Sandstrand die beliebteste Sommerfrische des Landes und mit den weitläufigen Parkanlagen auch als Kurort über Estland hinaus bekannt. Im 14. Jh. trat Pernau der Hanse bei. Sehenswert: der Rote Turm der Stadtmauer, Teile von Bastion und Stadtgraben, das Tallinner Tor (17. Jh.), die Barockkirchen St. Elisabeth und St. Katharinen. (D 3)

Pühtitsa-Kloster
Bei Kuremäe entstand im 19. Jh. das einzige bewohnte russisch-orthodoxe Kloster in Estland. In der von einer turmbesetzten Feldsteinmauer umgebenen Anlage mit mehreren Kirchen leben 100 Nonnen. Die Hauptkirche (fünf Kuppeln) besitzt einen prächtigen Ikonostas. (G 2)

Rakvere (20 000 Ew.)
(Wesenberg) Große Ordensburg-Ruine aus dem 14. Jh. (F 2)

Saaremaa (38 000 Ew.)
(Ösel) Die größte Insel Estlands (2673 km^2) verbindet eine Brücke mit der kleineren Insel Muhu. Von dort Fähren zum Festland im Zwei-Stundentakt. Zahlreiche Halbinseln und Buchten gliedern das dünn besiedelte und zur Hälfte mit Wald bedeckte Saaremaa. Bei Angla fünf Bockwindmühlen, bei Karja eine Wehrkirche (13. Jh.) mit Fresken. In Kuressaare (16 500 Ew., Kurort) eine mächtige Bischofsburg aus dem 14. Jh. Sitz des Saaremaa-Museums *(Mo-Sa 11-19, So 10-19 Uhr).* (C 3)

Tartu (115 000 Ew.)
(Dorpat) Älteste Stadt und geistiges Zentrum Estlands. Die Universität, (s. S. 82) war im 19. Jh. Keimzelle des nationalen Aufbruchs. 1869 fand in Tartu das erste große Sängerfest des Baltikums statt. 17 500 Studenten prägen das rege kulturelle Leben mit. Stattliche klassizistische Bauten (Hauptgebäude der Uni) und am Rathausplatz. Die backsteingotische Johanneskirche (Jaani kirik, 14. Jh.) mit hunderten von Terrakottafresken wird zurzeit saniert. Auf dem Domberg die Reste der mittelalterlichen Domkirche und das einst berühmte Observatorium. Idyllische Holzhausvorstadt Supilinn. Ebenfalls sehenswert: Nationalmuseum (Kuperjanovi 9, *Mi-So 11-18 Uhr*), Kunstmuseum (Raekoja 18, *Mi-So 11-18 Uhr*) und Universitätsmuseum (Lossi 25, *Mi-So 11-17 Uhr*). (F 3)

Viljandi (22 000 Ew.)
(Fellin) Malerische Lage an den Hängen des Viljandi-Sees. Ruinen der Schwertbrüder-Ordensburg (13. Jh.). (E 3)

MERIAN | TIPP

Therapie mit Seewasser
In der ersten Hälfte des 19. Jhs. entwickelten sich mit Haapsalu, Pärnu und Kuressaare die ersten Kurorte. Während der Sowjetzeit gerieten sie bei uns in Vergessenheit, doch jetzt werben sie wieder mit attraktiven Angeboten. Da die Sommer im Norden relativ kurz sind, verlängerten die Pernauer schon 1838 die Badesaison, indem sie ein Wirtshaus zur Badeanstalt umbauten. Heute sind die Kureinrichtungen ganzjährig in Betrieb. Es gibt Therapien gegen Knochen-, Glieder-, Nerven-, Atemwegs-, Herz- und Kreislauferkrankungen. **Informationen über Kurorte in Estland sind unter www.estonianspas.com zu finden.** *Eine Woche im Gesundheitszentrum von Toila kostet z. B. ab 590 €, inklusive Flug nach Tallinn, Transfer, Vollpension und medizinischer Behandlung; eine Woche im Pärnu-Sanatorium rund 650 €.*

INFO Lettland

Landesdaten

Landesname
Latvija (LV)

Fläche:
64 590 km² (etwa wie Bayern)
Einwohner:
2,4 Millionen (37 Ew./km²)
58% Letten, 30% Russen
4% Weißrussen
Hauptstadt:
Riga (745 000 Ew.)
Natur:
Größter See: Lubānas (81 km²)
längster Fluss: Gauja (452 km)
höchster Berg: Gaiziņkalns (312 m)
Währung:
Lettischer Lats (LVL) = 100 Santimu (1 Euro = 0,64 LVL)
Religion:
55% protestantisch, 24% katholisch, 9% russisch-orthodox
Telefonieren:
Landesvorwahl: 00371; es gibt keine Ortsvorwahlen. Die erste Ziffer einer Nummer zeigt die Region an. Riga hat die 7.
Wirtschaft:
Arbeitslosenquote 8,4%, Wachstum 6%, durchschnittlicher Monatsverdienst 250 €
Hauptexportgüter: Holzprodukte, Chemikalien, Maschinen, Textilien (alle Angaben: 2002)

Internet-Cafés

Delat
Baznīcas 4a
durchgehend geöffnet
Dualnet
Peldu 17
durchgehend geöffnet
Elik Internet Café
Kaļķu 11
tgl. 8-22 Uhr
Internet kafejnica
Elizabetes 75
*Mo-Fr 9.30-22
Sa u. So 10-21 Uhr*
Internet Club-Bar
Kaļķu 10 *Mo-Sa 10-24
So 11-24 Uhr*

Riga: die Kleine Gilde der Handwerker im Tudor-Stil

SEHENSWERT | RIGA

❶ Brīvības piemineklis
(Freiheitsstatue) Am 18. November 1935 wurde das 42 m hohe Freiheitsdenkmal auf dem Brīvības bulvāris enthüllt. Besonders während der Sowjetzeit hatte es für die nach Unabhängigkeit strebenden Letten große Symbolkraft. Ab Ende der achtziger Jahre des letzten Jahrhunderts war das Monument Mittelpunkt zahlreicher Demonstrationen der Unabhängigkeitsbewegung, und immer noch werden im Gedenken an das nationale Erwachen Blumen auf den Sockel gelegt.

❷ Doma baznīca
(Dom St. Marien) St. Marien ist die größte Kirche des Baltikums, sie bietet Platz für 5000 Gläubige. Die ältesten Teile, z. B. das gotische Nordportal, stammen noch aus dem 13. Jh. Das Innere enthält Stilelemente der Romanik, der Gotik, Renaissance und des Barock, doch viele Kostbarkeiten wurden während der Reformation zerstört. Die Orgel zählt mit ihren 6768 Pfeifen zu den größten und klangschönsten in Europa. Regelmäßige Konzerte. Beim Dom steht das Denkmal Johann Gottfried Herders, der 1764-69 in der Stadt lehrte.
Doma laukums, Tel. 721 34 98
Di-Fr 13-17, Sa 10-14 Uhr

❸ Jüdisches Museum
Die kleine Ausstellung zeigt das Leben der rund 80 000 Juden in Lettland vor 1940 und erinnert an ihre Ermordung während der deutschen Okkupation von 1941-1944.
Skolas 6, Tel. 728 34 84
Mo-Fr 12-17 Uhr

❹ Kara muzejs
(Pulverturm) Seit 1919 dient der mächtige Pulverturm, ein Rest der alten Stadtmauer, als Kriegsmuseum. Während der Sowjetzeit wurde es zum Revolutionsmuseum umfunktioniert, heute handelt es hauptsächlich vom Kampf um die Unabhängigkeit.
Smilšu 20, Tel. 722 81 47
Di, Mi, Fr-So 11-18, Do 12-19 Uhr

❺ Latvijas etnogrāfiskais brīvdabas muzejs
(Ethnografisches Freilichtmuseum) 1924 östlich des Zentrums am Juglas-See eröffnet, umfasst es mehr als 100 Gebäude, die meisten aus dem 18. und 19. Jh. Sie geben Aufschluss über Baustile und Lebensweise in den verschiedenen Landschaften Lettlands.
Brīvības gatve 440, Tel. 799 45 15
tgl. 10-17 Uhr

❻ Latvijas okupācijas muzejs
(Okkupationsmuseum) Von den Sowjets im Stil der sechziger Jahre des 20. Jhs. erbaut (eine architektonisch wahrhafte Scheußlichkeit), war es zu jener Zeit den lettischen Schützen gewidmet, die die Russische Revolution unterstützt hatten. Heute zeigt das Okkupationsmuseum beeindruckende Ausstellungen zur deutschen und russischen Besetzung im 20. Jh.
Strēlnieku laukums 1
Tel. 721 27 15, www.occupationmuseum.lv *tgl. 11-17 Uhr*

❼ Lielā ģilde und Mazā ģilde
(Große und Kleine Gilde) In dem Haus der Großen Gilde trafen sich vom Mittelalter bis ins 19. Jh. die deutschen Kaufleute, heute dient das Haus den Philharmonikern als Konzertsaal. Das benachbarte Haus der Kleinen Gilde war Begegnungsstätte der Handwerker, heute finden hier Tanzveranstaltungen statt. Schräg gegenüber eine Kuriosität: das sog. Katzenhaus (Kaķu nams). Ein reicher Kaufmann, dem die Aufnahme in die Gilde verweigert worden war, platzierte zwei Katzen auf

INFO Lettland

RIGA

Paris an der Düna
Streifzug durch die lettische Metropole

dem Dach, wobei die Katzen dem Gildehaus das Hinterteil zukehrten, eine Ungeheuerlichkeit. Erst als er die Katzen umdrehte, wurde er von der Gilde akzeptiert.
Amatu iela und Meistaru

❽ Schwarzhäupterhaus
Das im holländischen Renaissancestil errichtete Schwarzhäupterhaus (Zunfthaus der unverheirateten auswärtigen Kaufleute) am Rathausplatz, der Platz selbst und das klassizistische Rathaus von 1764 wurden im Zweiten Weltkrieg vollständig zerstört. Zum 800-jährigen Stadtjubiläum 2001 war auch das Schwarzhäupterhaus wieder hergestellt.
Rātslaukums 7, Tel. 704 43 00
Di-So 10-17 Uhr

❾ Rīgas motormuzejs
(Motormuseum) Das einzige seiner Art in Osteuropa: Gezeigt werden rund 100 historische Fahrzeuge, auch die Staatskarossen von Breschnew, Molotow und Stalin.
Eizenšteina 6, Tel. 709 71 70
Mo 10-15, Di-So 10-18 Uhr

❿ Rīgas pils
(Ordensschloss) Gegen den Willen der Bürger, die keine Ordensritter in der Stadt haben wollten, wurde 1330 der Grundstein zum Schloss gelegt. Nach dem Zerfall des Ordensstaates wurde das Schloss mehrfach umgebaut und diente den jeweiligen Herrschern als Residenz, so auch den Präsidenten der ersten Republik und des heutigen Staates. Außerdem beherbergt es das Museum für ausländische Kunst, das Jānis-Rainis-Museum für Literatur und das Geschichtsmuseum. Schöner Blick von der Vanšu-Brücke.
Pils laukums 3
Tel. 722 13 57
Di-So 11-17 Uhr

⓫ Rīgas vēstures un kuģniecības muzejs
(Stadtgeschichtliches- und Schifffahrts-Museum) An der Südseite des Doms schließt sich das Kloster mit Sakristei, Kapitelsaal und Kreuzgang an. Heute befinden sich das Stadtgeschichtliche und das Schifffahrts-Museum.

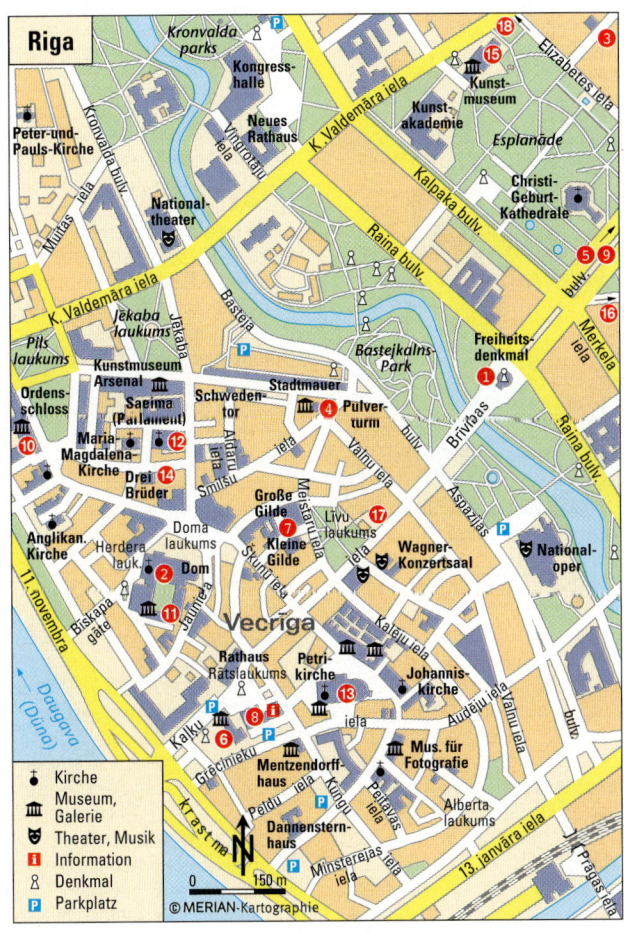

Weltläufigkeit beschaulich: das feine Grand Palace Hotel in der Pils-Straße

Im Jahr 2001 hat Rīga das 800. Jubiläum seiner Gründung gefeiert und sich für diesen Anlass mächtig herausgeputzt, vor allem natürlich in der Altstadt. Den schönsten Panoramablick haben Sie tagsüber von der Aussichtsplattform der Petrikirche und am Abend von einer der Brücken über die breite, träge dahinfließende Düna (Daugava). Besonders quirlig ist das Paris des Nordens, in dessen Nähe rund die Hälfte der Gesamtbevölkerung Lettlands lebt, im Dunstkreis der Hauptverkehrsadern, zum Beispiel des **Brīvības bulvāris**.
Hinter dem **Freiheitsdenkmal (Brīvības piemineklis)**, auf dem die Freiheitsstatue drei goldene Sterne als Symbol der historischen Provinzen **Kurzeme**, **Latgale** und **Vidzeme** in den Himmel hebt, schiebt sich als grüner Gürtel der **Bastejkalns-Park** zwischen Alt- und Neustadt und gibt den Blick auf die **Laima-Uhr**, den bekanntesten Treffpunkt Rīgas, frei. Der **Brīvības bulvāris** geht in die **Kaļķu iela** über, die schnurgerade durch die Altstadt bis zum Ufer der **Düna** führt. Auf der linken Seite befindet sich kurz vor dem Fluss der **Rathausplatz (Rātslaukums)** mit dem **Schwarzhäupterhaus (Melngalvju nams)** und dem Okkupationsmuseum. Von hier ist es nur ein kleiner Abstecher Richtung Norden mitten ins Herz der Altstadt: zum **Domplatz (Doma laukums)**. Nette Cafés unter freiem Himmel laden zu einer Verschnaufpause ein, bevor es durch die **Pils iela** weiter geht zum **Schlossplatz (Pils laukums)** mit der einstigen **Residenz der Ordensmeister (Rīgas pils)**.
Der Rundgang setzt sich fort via **Klostera iela**, vorbei an der **Maria-Magdalena-Kirche (Marijas-Magdalēnas baznīca)** und der **Jakobikirche (Sv. Jēkaba baznīca)**. In der **Mazā Pils iela** fallen die schönen Giebel der **Drei Brüder (Trīs brāļi)** als Erstes ins Auge (das rechte Haus ist das älteste Wohnhaus Rīgas). Am Ende der nahen **Aldaru iela** taucht dann das **Schwedentor (Zviedru vārti)** von 1698 mit dem Rigaer Wappen auf: Es zeigt die Mauern der Stadt mit einem Löwen, Symbol für die Kraft des Bürgertums, das Kreuz des Deutschen Ordens, die schwedische Königskrone und den Schlüssel Petri. Jenseits des Tors ist noch ein Teil der alten Befestigung mit dem **Pulverturm (Pulvertornis)** erhalten.

Informationsbüro Riga
Ratslaukums 6, Tel. 703 79 00, Fax 703 79 10
tourinfo@rcc.lv, www.rigatourism.com

INFO Lettland

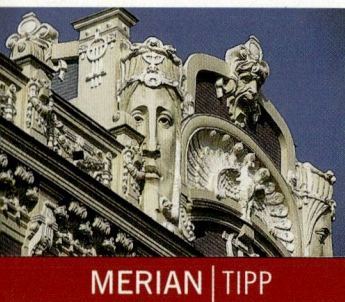

MERIAN | TIPP

Jugendstil in Perfektion

Während des Baubooms in den letzten Jahrzehnten des 19. Jahrhunderts bis zum Ersten Weltkrieg entstanden in Riga zahlreiche Mietshäuser im Jugendstil. Die Architekten waren deutsche und lettische Bauingenieure, die von der lettischen Volkskunst und vom belgischen und österreichischen Jugendstil beeinflusst waren. Die prachtvollsten Gebäude stammen von Michail Eisenstein, dem Vater des Regisseurs Sergej Eisenstein, der allein in der Alberta iela sechs Mietshäuser entwarf. Weitere schöne Beispiele auch in der Elizabetes iela, Marijas iela und Brīvības iela.

Palasta 4, Tel. 721 20 51
Mi-So 10-17 Uhr

⑫ Sv. Jēkaba baznīca
(St. Jakobi) Als die Jakobikirche Anfang des 13. Jh. erbaut wurde, lag sie noch außerhalb der Stadtmauern. Ihr 80 m hoher Turm ist heute der einzige gotische Kirchturm der Stadt. 1522 wurde hier der erste lutherische Gottesdienst in Riga gefeiert, heute ist die Kirche Sitz des Erzbischofs.
Klostera 2, Tel. 732 64 19
So-Fr 7-20 Uhr

⑬ Sv. Pētera baznīca
(Petrikirche) Erstmals erwähnt Anfang des 13. Jhs.; anfangs katholisch, ab 1523 evangelisch. Im Laufe der Jahrhunderte durch Brände mehrfach zerstört und wieder aufgebaut; schwere Schäden durch deutsche Bombardierungen im Zweiten Weltkrieg, die erst 1973 behoben waren. Der Innenraum blieb nach der Rekonstruktion leer und dient heute zeitgenössischen Künstlern als Galerie. Schöner Rundblick von der zweiten Turmgalerie (Fahrstuhl).
Skārņu 19, Tel. 722 94 26
Di-So 10-17.15 Uhr

Riga: die Kaufmannshäuser „Drei Brüder" in der Mazā-Pils-Straße

⑭ Trīs brāļi
(Die Drei Brüder) Name in Anlehnung an die „Drei Schwestern" von Tallinn. Im Gegensatz zu den Tallinner Häusern, die wirklich für drei Töchter gebaut wurden, entstanden die Rīgaer Häuser zu unterschiedlichen Zeiten. Das rechte Haus mit dem gotischen Stufengiebel Ende des 15. Jh., das mittlere Mitte des 17. Jh. und das linke im 18. Jh.
Mazā Pils iela 17, 19, 21

⑮ Valsts Mākslas muzejs
(Museum der Schönen Künste) Eines der besten und größten Kunstmussen des Baltikums mit Gemälden, Zeichnungen und Skulpturen lettischer (Jānis Rozentāls, Vilhelms Purvītis, Jānis Valters) sowie russischer Künstler (z. B. Ilja Repin).
Valdemāra 10a, Tel. 732 44 61
tgl. außer Di 11-17 Uhr

RESTAURANTS | RIGA

⑯ Charlestons
Vorn eine kleine Bar mit köstlichen Torten, hinten ein Restaurant mit sorgfältig zubereiteten Speisen.
Blaumaņa 38/40
Tel. 777 05 73 *tgl. 8-24 Uhr* €

⑰ Kaļķu Vārti
Tipp: Lachs und Pfannkuchen mit Kaviar. Günstiger Business Lunch.
Kaļķu 11a, Tel. 721 25 75
tgl. 12-24 Uhr €€

⑱ Vincents
Einer der neuen Gourmettempel, Treffpunkt der VIPs, außergewöhnliche Kreationen.
Elizabetes iela 19
Tel. 733 26 34
tgl. 11-24 Uhr €€€

AUSFLÜGE | RIGA

Riga vom Wasser
Mehrere Gesellschaften bieten ein- oder zweistündige Bootsfahrten auf der Düna an. Die „Jelgava", „Liepāja" und die „Misisipi" liegen an der Akmens-Brücke. Wenn sich genügend Fahrgäste einfinden, legt ab 11 Uhr eines der Boote jeweils zur vollen Stunde ab. Die „Maskava" liegt vor dem Radisson SAS Hotel und startet um 16, 17, 18 und 19 Uhr. An der Vanšu-Brücke beginnen die Rundfahrten mit der „Jūrmala", Abfahrt ab 12.30 Uhr alle zwei Stunden.

Salaspils
(Kurtenhof) „Hinter diesem Tor stöhnt die Erde", steht auf einer 105 m langen und 12 m hohen Betonwand am Eingang der 1967 eröffneten Gedenkstätte des ehemaligen Konzentrationslagers 22 km südöstlich von Riga. Hier wurden von 1941-1944 mehr als 100 000 Menschen aus vielen Ländern Europas, überwiegend Juden, ermordet. (D 5)

SEHENSWERT | LETTLAND

Aglona
(Aglohn) Zwischen 1768 und 1800 errichtete dreischiffige barocke Basilika mit zwei 60 m hohen Türmen und etlichen Klostergebäuden; wundertätiges Bildnis der Muttergottes. Zum Papstbesuch 1993 Restaurierung der Kirche. Aglona ist vor allem am 15. August (Mariä Himmelfahrt) Ziel Zehntausender Pilger. (F 7)

Cēsis (20 000 Ew.)
(Wenden) Ehemalige Hansestadt und idealer Ausgangspunkt für Erkundungen im Gauja-Nationalpark. Die Festung (best erhaltenes Beispiel einer Ordensburg im Baltikum) ist seit der Belagerung durch Iwan den Schrecklichen 1577 und der Niederlage der Ordensritter nur noch eine Ruine. Im benachbarten, 1777 erbauten Schloss befindet sich das Stadtmuseum (Pils 9, *Di-So 10-17 Uhr*). Ebenfalls sehenswert sind die 700 Jahre alte gotische Johanneskirche mit den Gräbern von Ordensmeistern und Bischöfen sowie die schmalen Gassen der Altstadt mit denkmalgeschützten Häusern. (E 5)

Jelgava (71 000 Ew.)
(Mitau) Größte Sehenswürdigkeit ist das Schloss auf einer Insel des Flusses Lielupe. Der prächtige Barockpalast wurde 1738-72 nach Plänen des Hofarchitekten des Russischen Reiches, Bartolomeo Francesco Rastrelli, erbaut. In einem Grabgewölbe 21 metallene Sar-

INFO Lettland

Jelgava: Das große Barockschloss der kleinen Stadt wurde auf einer Insel erbaut

MERIAN | TIPP

Jūrmala – Strände ohne Ende

Reisende aus dem Ausland haben den 30 km langen Sandstrand von Jūrmala (D 5) schon in den 1930er Jahren zur „Baltischen Riviera" erklärt. Das 20 km westlich von Riga gelegene Jūrmala war bereits ein international renommierter Kur- und Badeort. Von dieser Blütezeit zeugen in den Ortsteilen Majori, Dubulti und Dzintari noch viele mit aufwändigen Schnitzereien verzierte Holzvillen in der Bäderarchitektur der damaligen Zeit. Viele wurden in den letzten Jahren saniert. Architektonisch weniger überzeugend sind die Ferienheime aus der Sowjetzeit: Viele Offiziere der Sowjetarmee verlebten hier ihre Pensionen. Der größte Trubel herrscht im Sommer in Majori. Die Fußgängerzone Jomas iela mit Läden, Fischlokalen und Bars ist die beliebteste Flaniermeile der Stadt.

kophage und neun Holzsärge mit den sterblichen Überresten der Herzöge von Kurland und Angehörigen. Heute nutzt die Universität für Landwirtschaft das Schloss. (D 6)

Kuldīga (13 000 Ew.)
(Goldingen) Die älteste Stadt Kurlands war Mitglied der Städte-Hanse und erlebte im 16. und 17. Jh. einen Aufschwung. In keiner anderen lettischen Stadt sind so viele Holzhäuser aus dem 18. und 19. Jh. erhalten. Sehenswert ist auch die Kirche der Heiligen Dreifaltigkeit, die 1640 im Stil der Italienischen Renaissance erbaut wurde und deren barocker Innenraum zu den schönsten Lettlands gehört. Ein beliebtes Ausflugsziel ist der Wasserfall Ventas Rumba. (B 5)

Liepāja (96 000 Ew.)
(Libau) Die drittgrößte Stadt Lettlands war während der Sowjetzeit Militärbasis und für Ausländer gesperrt. Nur langsam erholt sie sich von dieser totalen Isolation, benötigt aber noch viel frische Farbe. Altstadt mit interessanten Jugendstilbauten. Die Dreifaltigkeitskirche (Mitte 18. Jh.) hat eine üppige Innenausstattung und die größte Orgel Lettlands (mehr als 7000 Pfeifen, 131 Register, vier Manuale). Das älteste Gebäude, ein 1690 errichteter Speicher, steht in der Zivju iela; in der Kungu iela Nr. 24 wohnte einst Zar Peter I., das unscheinbare Haus wird von den Einheimischen liebevoll „Peters Häuschen" genannt. Sehr schöner, kilometerlanger Strand, der in wenigen Minuten vom Zentrum zu Fuß zu erreichen ist. (A 6)

Rundāle
(Ruhenthal) Eines der schönsten Baudenkmäler Lettlands. 1735-68 als Sommerresidenz des Reichsgrafen Ernst Johann Biron, eines Günstlings der Zarin Iwanowna, nach Entwürfen von Bartolomeo Francesco Rastrelli. 138 Räume, teilweise äußerst prächtig ausgestattet, hervorzuheben sind das Rosenzimmer, der Goldene Saal und die Paradetreppenhäuser. (D 6)
Pilsrundāle, Bauskas raj
Tel. 396 21 97 tgl. 10-18 Uhr

Sigulda (11 000 Ew.)
(Segewold) Beliebtes Touristenzentrum (Sommer und Winter) im malerischen Urstromtal der Gauja. Sehenswürdigkeiten: Burgruine (im 13 Jh. Festung deutscher Ordensritter mit zwei Vorburgen auf zwei benachbarten Hügeln, die durch einen tiefen Wassergraben voneinander getrennt waren), heute Freilichtbühne. Auf der gegenüber liegenden Seite des Flusses die Bischofsburg von Turaida: schöner Blick vom Bergfried über den Gauja-Nationalpark. (D 5)

Ventspils (47 000 Ew.)
(Windau) Lettlands wichtigster, ganzjährig eisfreier Hafen und petrochemisches Zentrum. Schon zur Hanse wichtiger Umschlagplatz. Im Sommer mehrmals täglich Hafenrundfahrten. Zahlreiche Bürgerhäuser, die wieder in frischen Farben erstrahlen. Auch die Burg des Livländischen Ordens (13. Jh.) wurde restauriert: sie beherbergt das Stadtmuseum (Jāna iela 17, tgl. 9-18 Uhr). Am feinsandigen Strand weht seit 1999 trotz der nahen Hafen-anlagen die blaue Flagge für gute Wasserqualität. (B 4)

Liepāja: St. Trinitatis, einst Kirche der deutschen Gemeinde Libau

Jūrmala: nach Art der Zaren

INFO Litauen

Landesdaten

Landesname
Lietuva (LT)

Fläche:
65 300 km² (etwa wie Bayern)
Einwohner:
3,7 Millionen (57 Ew./km²)
rund 81% Litauer
8% Russen, 7% Polen
Hauptstadt:
Vilnius (578 000 Ew.)
Natur:
Größter See: Drūkšiai (45 km²);
längster Fluss: Nemunas
(475 km auf litauischem Gebiet);
höchster Berg: Juozapinė (294 m).
Währung:
Litauischer Litas (LTL) = 100
Centai (1 Euro = 3,46 LTL).
Religion:
79% katholisch
Telefonvorwahl:
Landesvorwahl: 00370;
Ortsvorwahl Vilnius: 85; die 8 wird
bei Anrufen aus dem Ausland
weggelassen.
Wirtschaft:
Arbeitslosenquote 12%, Wachstum 5,9%, durchschnittlicher
Monatsverdienst 270 Euro,
Hauptexportgüter: Bergbauprodukte, Chemikalien und
Textilien. (Alle Angaben: 2001)

Internet-Cafés

Bazė, Gedimino 50/2
durchgehend geöffnet
Collegium, Pilies 22
8-24 Uhr
Interneto Kavinė, Klaipedos 3
durchgehend geöffnet
Netcafé, Antakalnio 36
10-22 Uhr
Penki Kontinentai, Gedimino 4
9-22 Uhr

Steinernes Symbol litauischer Unabhängigkeit: der Gediminas-Turm in Vilnius

SEHENSWERT | VILNIUS

❶ Arkikatedra bazilika
(Kathedrale) Der strahlend weiße, klassizistische Bau mit den dorischen Säulen vor dem Eingang (18. Jh.) ist das beherrschende Bauwerk auf dem weiten Kathedralenplatz. Der frei stehende, 57 m hohe Glockenturm, ursprünglich wohl Teil der Unterstadt-Befestigung, zählt zu den ältesten Gebäuden der Stadt. In unmittelbarer Nähe beginnt der schnurgerade Gedimino-Prospekt, eine der wichtigsten Geschäftsstraßen.
Katedros 1

❷ Aušros vartai
(Tor der Morgenröte) Einziges erhalten gebliebenes Tor der Stadtmauer mit kleiner Wallfahrtskapelle, die wegen eines wundertätigen Marienbilds aus dem 16. Jh. ein vielbesuchtes Pilgerziel ist.
Aušros vartų 12

❸ Gedimino kalnas
(Gediminas-Turm) Im achteckigen Turm, einem Rest der Oberen Burg aus dem 14. Jh., befindet sich ein kleines Museum zur Geschichte der Burg. Schöner Blick auf die Altstadt.
Aukštutinės Pilies Muziejus
Arsenalo 5, Tel. 261 74 53
Di-So 11-17 Uhr

❹ Gotischer Winkel
Die spätgotische St. Annenkirche (Šv. Onos bažnyčia) und die benachbarte Bernhardinerkirche (Bernardinų bažnyčia) bilden am Rande der Altstadt ein sehenswertes Ensemble. Besonders imposant: die Westfront von St. Annen mit filigraner Backsteinornamentik.
Maironio 8

❺ Holocaust-Museum
1989 eröffnet. Dauerausstellungen „Die Katastrophe" und „Die Synagogen von Vilnius" zum Schicksal der jüdischen Bevölkerung während des Zweiten Weltkriegs. Von den 250 000 litauischen Juden wurden 94 Prozent ermordet.
Pamėnkalnio 12
Tel. 262 07 30
www.jmuseum.lt
Mo-Do 9-17, Fr 9-16 Uhr

❻ KGB-Museum
Dokumente über Repressionen gegen die litauische Bevölkerung von 1940-1990, antisowjetischen Widerstand, Genozidopfer und Befreiungskämpfe. Zu besichtigen sind auch die ehemalige Erschießungskammer und das KGB-Gefängnis.
Aukų gatvė. 2a, Tel. 249 62 64
Di-So 10-18 Uhr

❼ Lietuvos Nacionalinis Muziejus
(Nationalmuseum) Litauische Geschichte von der Steinzeit bis zur Gegenwart.
Arsenalo 1, Tel. 262 94 26
Di-So 10-17 Uhr

❽ Kunstmuseum
Bildende Kunst Litauens und des Auslands vom 14. Jh. bis zur Gegenwart.
Boksto gatvė 5/Didžioji gatvė 4
Tel. 262 80 30, *Di-Sa 11-18
So 11-17 Uhr*
Gemäldegalerie: litauische Kunst (17. Jh. bis 20. Jh.)
Didžioji gatvė 4
Tel. 212 42 58
Galerie der ausländischen Kunst im Radvilos-Palais.
Vilniaus gatvė 22
Tel. 262 09 81

Heiliggeist-Kirche in Vilnius

❾ Museum für Angewandte Kunst
Ausstellung mit Schwerpunkt „Christentum in der litauischen Kunst" und gotische Relikte des Alten Arsenals.
Arsenalo gatvė 3a
Tel. 261 25 48
Di-Sa 12-18, So bis 17 Uhr

INFO Litauen

VILNIUS

Barockes Kleinod
Wegweiser durch die Stadt an der Vilnia

Seit Jahren wird auf dem **Gedimino-Prospekt** gebaut und gewerkelt, neue Häuser entstehen, alte werden saniert. Nachdem jetzt auch Straßenbelag und Bürgersteige erneuert worden sind, lässt sich langsam erahnen, wie die Prachtstraße von Vilnius mal aussehen soll. Auch die stuckverzierten Fassaden legen ihre Patina ab, Boutiquen und Geschäfte laden zum Bummeln ein. Der Kathedra-

Dämmer-Shopping auf der Didzioji gatvé in Vilnius

lenplatz mit **St. Stanislaus** und dem **Glockenturm** ist der populärste Treffpunkt in der Stadt für Jung und Alt, Einheimische und Touristen. Vom Platz führt eine steile Rampe zum 48 Meter hohen **Burgberg**, von dem man den besten Blick über die „Stadt der 40 Kirchen" hat. Am Kathedralenplatz beginnt auch die **Pilies gatvé**, eine der Hauptachsen der Altstadt. Zu beiden Seiten und in den schmalen Seitengassen stehen viele denkmalgeschützte, frisch renovierte Kaufmanns- und Handwerkerhäuser. Einen kurzen Abstecher ist die Universität wert: Werfen Sie unbedingt einen Blick in den **Großen Hof** und die **Johanneskirche**. Nach einigen 100 Metern ist das klassizistische **Rathaus** in Sicht, und von dort ist es nicht weit zur **Schwarzen Madonna** von Vilnius im **Tor der Morgenröte**. Ihr heutiges Aussehen erhielt die Altstadt nach verheerenden Bränden im 17. und 18. Jahrhundert; den Zweiten Weltkrieg und die Sowjetzeit hat Vilnius fast unbeschadet überstanden, und so ist eine der schönsten Altstädte Osteuropas erhalten geblieben. Viele Baustile vereint sie in sich, von der Gotik bis zum Neoklassizismus, doch vorherrschend ist der Spätbarock. Wahre Kleinodien der Baukunst sind die Kirchen von Vilnius. Einer der architektonischen Höhepunkte ist die **St. Annenkirche**, die zusammen mit der **Bernhardinerkirche** den so genannten **Gotischen Winkel** bildet. Von Napoleon wird berichtet, er sei von der St. Annen-Kirche so begeistert gewesen, dass er sie am liebsten mit nach Frankreich genommen hätte.

Informationsbüro Vilnius
Pilies gatvé 42, Tel. 262 64 70, Tel./Fax 262 07 62
turizm.info@vilnius.sav.lt, www.vilnius.sav.lt/tourism/

❿ Lietuvos Teatro, Muzikos, Kino Muziejus
(Theater-, Musik- und Kino-Museum) Exponate zur Geschichte dieser Kunstsparten.
Vilniaus gatvé 41
Tel. 262 24 06
Di-Fr 12-18, Sa 11-16 Uhr

Paneriai
1960 eröffnete Gedenkstätte. Im Paneriai-Wald wurden ca. 100 000 Menschen, vorwiegend Juden, während des Zweiten Weltkriegs ermordet. Persönliche Gegenstände sowie Kopien von Dokumenten und Fotografien sind seit 1985 in einem Nebengebäude ausgestellt.
Rund 10 km westlich vom Zentrum der Hauptstadt
Agrastų gatvé 17
Mi-Mo 11-18 Uhr

⓫ Südliche Altstadt
Die Pilies gatvé (Burgstraße) ist die älteste Straße in Vilnius. Didžioji gatvé und Aušros Vartų gatvé bilden die Hauptachse bis zum Tor der Morgenröte. Viele schöne restaurierte Gebäude. Wo heute das schlichte klassizistische Rathaus steht, trafen einst die Handelswege aufeinander.

⓬ Šv. Apaštalų Petro ir Povilo Bažnyčia
(Kirche St. Peter und Paul) Von außen eher unscheinbar, entfaltet sie ihre ganze barocke Pracht im Innern. Decken, Wände und Gewölbe sind bis in den letzten Winkel mit insgesamt rund 2000 weißen Stuckfiguren ausgeschmückt. Heilige und Teufel, biblische und mythologische Szenen, hier wurde jedes Sujet verwirklicht, und nichts wiederholt sich.
Antakalnio 1

⓭ Šv. Dvasios Cerkvé
(Heiliggeist-Kirche) Bedeutendste orthodoxe Kirche Litauens. Im Inneren reiches Dekor und alte Ikonen.
Aušros vartų 10

⓮ Universitetas
(Universität) Die älteste Universität im Baltikum (1579 gegründet) bildet mit ihren zwölf Innenhöfen eine Stadt in der Stadt. Besonders sehenswert ist der Große Hof, gerahmt von dreigeschossigen Gebäuden mit Arkadengängen und der prächtigen Fassade der Johanneskirche. Die Universitätsbibliothek mit ca. fünf Millionen Bänden, darunter wertvolle Inkunabeln und

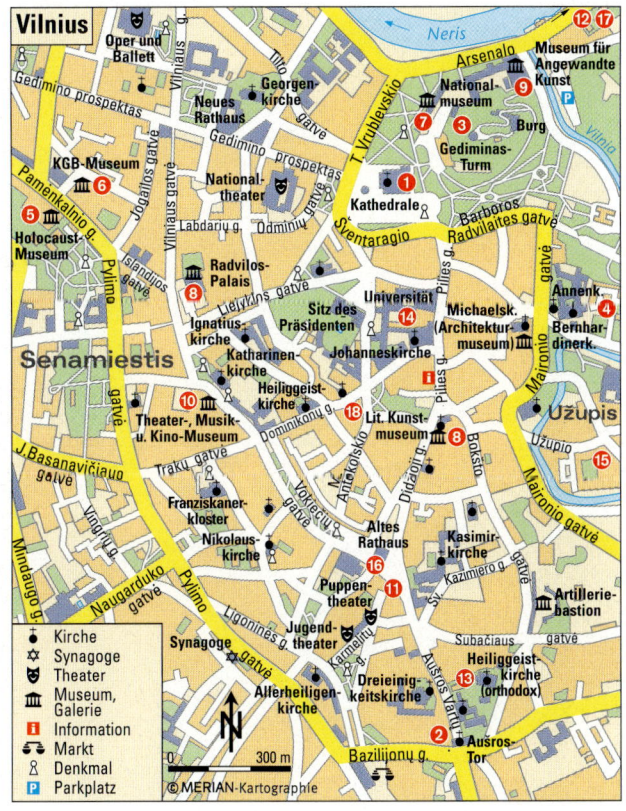

INFO Litauen

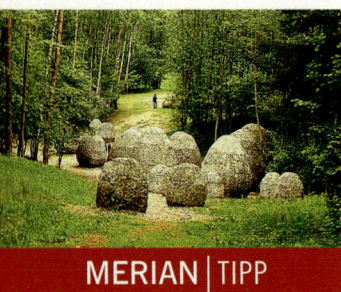

MERIAN | TIPP

Europos Parkas
(Europa-Park) Vor rund zehn Jahren kannte niemand den sumpfigen Wald 19 Kilometer nordöstlich von Vilnius, den der junge litauische Bildhauer Gintaras Karosas für den Mittelpunkt Europas hielt und in dem er 1993 die Idee eines Skulpturenparks verwirklichte. Mittlerweile befinden sich im Europa-Park auf einer Fläche von 55 ha über 90 Skulpturen von Künstlern aus aller Welt. Nach Berechnungen des französischen Nationalen Geographischen Instituts liegt das reale Zentrum Europas allerdings auf 54° 54' nördlicher Breite und 25° 19' östlicher Länge: Das ist 14 km nördlich des Parks.(D/E 9)
Joneikiškių, Tel. (85) 237 70 77
hq@europosparkas.lt
www.europosparkas.lt
tgl. 9 Uhr bis Sonnenuntergang

alte kartographische Werke, ist die älteste Litauens. Prunkvoller Lesesaal.
Universiteto 3
Tel. 268 70 01, www.vu.lt
Mo-Sa 9-21 Uhr

⑮ Užupis
Stadtteil („Über dem Fluss") am rechten Ufer der Vilnia, bereits im 15. Jh. erwähnt. In der Sowjetzeit stark heruntergekommen, seit einigen Jahren als alternatives Künstlerviertel entdeckt.

RESTAURANTS | VILNIUS

⑯ Freskos Ⓜ
Im alten Rathaus; sehr schönes Interieur; exzellente Küche.
Didžioji gatvė 31, Tel. 261 81 33
tgl. 11-24 Uhr €€

⑰ Marceliukės Klėtis Ⓜ Ⓜ
Traditionelle litauische Speisen in rustikal-ländlichem Ambiente.
Tuskulėnų 35
Tel. 272 50 87
tgl. 11-24 Uhr €

⑱ Stikliai Ⓜ Ⓜ Ⓜ
Französisch orientiert; hier speisen die Royals und andere Staatsgäste, wenn sie in Vilnius sind. Nicht ganz so luxuriös ist die Kellertaverne.
Gaono 7
Tel. 264 95 95
tgl. 11-24 Uhr €€€

AUSFLUG

Trakai
Hauptattraktion der 28 km von Vilnius entfernten 6000-Einwohner-Stadt ist die malerisch im Galvė-See gelegene Burg, zu Fuß über einen Bohlensteg zu erreichen. Die einstige Residenz der Großfürsten von Litauen (14. Jh.) war im 20. Jh. nur noch Ruine und wurde seit den 50er Jahren wieder aufgebaut bzw. restauriert. Zu besichtigen sind u. a. Repräsentationsräume und Ausstellungen zur Geschichte Litauens *(im Sommer tgl. 10-19 Uhr).* Die Seenlandschaft um Trakai wurde 1991 zum historischen Nationalpark erklärt (4502 ha, davon ein Viertel Seen). Viele Wassersportmöglichkeiten und gut markierte Wanderwege. Im Ort Trakai leben seit Ende des 14. Jh. rund 150 Karäer, eine ethnische Minderheit, die

aus einer jüdischen Sekte hervorgegangen ist und einst die Palastwache der Großfürsten bildete. Sie hat bis heute ihre Kultur und ihre Bräuche bewahrt. Besonders schöne Holzhäuser sind in der Karaimu gatvė zu bewundern.

SEHENSWERT | LITAUEN

Druskininkai (22 000 Ew.)
Kurbad seit Mitte des 19. Jh. (salzhaltige Mineralquellen, Moorschlamm) in schöner Umgebung. Der Ort ist außerdem bekannt als Wohnort des Malers und Komponisten Mikalojus Konstantinas Čiurlionis (1875-1911; Ausstellung im Haus Nr. 41 in der Čiurlionio gatvė; Denkmal im Kurpark). **(C 10)**

Kaunas (400 000 Ew.)
Zweitgrößte Stadt Litauens; nach dem Ersten Weltkrieg zwei Jahrzehnte provisorische Hauptstadt (das Vilnius-Gebiet war polnisch), heute ein wichtiger Verkehrsknotenpunkt, Industrie- und Wissenschaftsstandort. An der strategisch günstigsten Stelle, wo die Neris in die breitere Memel mündet, liegt die Burg, von der allerdings nach unzähligen Belagerungen und Eroberungen im Laufe der Jahrhunderte nur noch Reste erhalten sind. Von hier sind es nur wenige Schritte in die kleine Altstadt. Im Zentrum der Rathausplatz mit dem ehemaligen barock-klassizistischen Rathaus (im Volksmund wegen seiner schlanken Form „Weißer Schwan" genannt) und historischen Bürgerhäusern; sehenswert ist auch das in der Nähe gelegene spätgotische Perkūnas-Haus mit einer reich verzierten Front aus 16 Ziegelsteinarten. Die Vilniaus gatvė, eine breite Fußgängerzone mit vielen Geschäften und Restaurants, verbindet Alt- und Neustadt, wo eintönige Bauten der Sowjetzeit dominieren. Museumsbesuchern zu empfehlen sind das Teufelsmuseum (Putvinskio 64, s. auch „Skizzen") und das Čiurlionis-Kunstmuseum schräg gegenüber (Putvinskio 55, *Di-So 11-17 Uhr*): Gemälde, Zeichnungen und Kompositionen des berühmten litauischen Künstlers. **(C 8)**

Idyllisch gelegen, aufwändig restauriert: die Burg von Trakai

INFO Litauen

Klaipėda (200 000 Ew.) (Memel) Wichtiges Industriezentrum mit ganzjährig eisfreiem Hafen. Im Jahre 2002 feierte die Stadt ihr 750-jähriges Jubiläum. Vom alten Memel ist wenig übrig geblieben: Beim Angriff der Roten Armee im Januar 1945 wurden fast 60 Prozent der Stadt zerstört. Zentrum der Altstadt ist der Theaterplatz mit der Bronzefigur des Ännchen von Tharau

Flanierstraße in der Altstadt von Kaunas: die Vilniaus gatvé

auf dem Brunnen (s. „Skizzen"). Zu Klaipėda gehört heute auch Smiltynė auf der Nordspitze der Nehrung: sehenswertes Meeresmuseum mit Delfinarium, Aquarium und ethnografischem Fischerdorf.
Smiltynė, Tel./Fax (846) 49 07 51 *Juni-Aug. Di-So 10.30-18.30 Uhr, übrige Zeit variierende Öffnungszeiten* **(A 7)**

Memel-Delta
Ein guter Ausgangspunkt für Ausflüge ins Delta der Memel ist der kleine Ort Šilutė (Heydekrug). Direkt im Delta liegen die noch sehr ursprünglichen Fischerdörfer Rusnė, Minija und Kintai. Ventė auf einer Landzunge im Haff besteht praktisch nur aus einer Vogelschutzstation und dem alten Leuchtturm: gute Sicht auf die Dünen der Kurischen Nehrung. Naturschutzgebiet, Rastplatz für viele Zugvögel. **(A 7)**

Palanga (20 000 Ew.)
(Polangen) Größter litauischer Kur- und Badeort, der durch Eingemeindungen über 24 Kilometer feinen Ostseestrand verfügt. Allgemeiner Treffpunkt bei Sonnenuntergang ist die Seebrücke. Weitere Sehenswürdigkeiten: schöne alte Holzvillen, der Botanische Garten (19. Jh.) und das Museum im ehemaligen Schloss des Grafen Tiškevičiaus mit der größten Bernsteinsammlung Europas.
Gintaro muziejus, Vytauto 17 *Di-So 11-19 Uhr* **(A 6)**

Rumšiškės
Litauisches ethnografisches Freilichtmuseum an den Ufern des Kaunasser Meeres: Auf dem ca. 180 Hektar großen Gelände verteilen sich rund 140 Gehöfte und Werkstätten aus allen Teilen des Landes (Ende 18. Jh. bis Anfang 20. Jh). Interessante Einblicke in früheres Alltagsleben, Sitten und Gebräuche. Volksmusikkonzerte. 6 km langer Rundweg.
Rumšiškės, S. Neries gatve 6 Tel. (03 56) 473 92 *Ostern-Okt. Mi-So 10-18 Uhr* **(C 8)**

Šiauliai (135 000 Ew.)
(Schaulen) Der Berg der Kreuze (Kryžių kalnas) rund 15 km nördlich der Stadt ist die bekannteste litauische Pilgerstätte. Ein alter Burghügel am Fluss Kulpe ist über und über mit Kreuzen bedeckt, großen und kleinen, aus allen erdenklichen Materialien, geschmückt mit Hunderten von Rosenkränzen. Erstmals massenhaft wurden sie für die Aufständischen aufgestellt, die 1830/31 und 1863 gegen das zaristische Russland kämpften. Während der sowjetischen Okkupation symbolisierten sie den Widerstand der Bevölkerung und waren den Regierenden ein Dorn im Auge: 1961 und 1975 zerstörten sie mehr als 5000 Kreuze. Vergeblich, es wurden immer wieder neue aufgestellt. 1993 besuchte der Papst den Wallfahrtsort. **(C 7)**

KURISCHE NEHRUNG
Die Sahara des Nordens
Gefahr für einen legendären Landstrich

Vor mehr als 6000 Jahren formten Wind und Wellen die **Kurische Nehrung** (Kuršių nerija). Nach und nach bildete sich ein kahler Sandstreifen, der allmählich die Lagune vom Meer trennte und heute eine 98 km lange, sichelförmige Landzunge ist (schmalste Stelle 380 m, breiteste 2,8 km). Die nördliche Hälfte ist litauisch, die südliche gehört zum Kaliningrader Gebiet, dem nördlichen Ostpreußen. Bei **Klaipėda** gibt es eine schmale Öffnung zum Meer. Die einzigartige Landschaft, seit 1991 **Nationalpark**, wurde 2000 zum Unesco-Welterbe erklärt. Das ökologische Gleichgewicht ist freilich äußerst labil, seit man vor rund 500 Jahren mit dem Abholzen des Waldes begann: Die Dünen fingen an zu wandern und begruben im Laufe der Zeit 14 Dörfer unter sich. Anfang des 19.Jhs. startete man schließlich mit der Wiederaufforstung, was die Sandmassen bändigte. Die Probleme sind allerdings nicht aus der Welt: Es werden erneute Schutzmaßnahmen nötig sein, da nun die knapp 60 m hohe **Große Düne bei Nida** zu verschwinden droht, weil der Sand aus Westen fehlt. In den letzten 20 Jahren hat sie rund 15 Meter an Höhe verloren.

Die Verwaltungseinheit **Neringa** umfasst 90 km² und besteht aus den vier Dörfern Juodkrantė (Schwarzort), Pervalka (Perwelk), Preila (Preil) und Nida (Nidden). Insgesamt leben hier 2700 Menschen. Touristisches Zentrum ist seit jeher Nida, zum einen wegen seiner Nähe zur Großen Düne, zum anderen wegen der rund 50 denkmalgeschützten Fischerkaten. **(A 7)**

Tomo Mano namelis
(Thomas-Mann-Haus) Etwas außerhalb des Ortskerns von Nida auf einem Hügel mit wundervoller Aussicht aufs Haff. Hier verbrachte die Mann-Familie drei Sommer (1930-32); Dauerausstellung „Thomas Mann – Leben und Werk"; Sitz des Thomas-Mann-Kulturzentrums; alljährliches Festival.
Skruzdynės 17, Tel. (84 69) 522 60, www.mann.lt *Juni-Aug. Di-So 10-18 Uhr, sonst bis 17 Uhr*

Residenz für drei Sommer: Thomas Manns Domizil auf der Kurischen Nehrung

Raganų Kalnas (Hexenberg)
Auf dem Hexenberg von **Juodkrantė** stehen entlang eines 1,5 km langen Wanderwegs rund 100 Holzskulpturen: Hexen, Teufel und andere Fantasiewesen aus litauischen Volksmärchen und Sagen.

Gintaro Galerija (Bernsteinmuseum)
Kleines Museum in Nida mit zum Teil ungewöhnlichen Funden; außerdem Verkauf von Bernsteinschmuck.
Pamario 20, Tel./Fax (84 69) 525 73, *Mai-Okt. tgl. 9-21 Uhr*

INFO Natur erleben

Camping

In den baltischen Ländern gibt es bis jetzt nur wenige Campingplätze guten Standards. Meistens sind die Sanitäranlagen sehr einfach, und viele der kleinen Hütten stammen noch aus der Sowjetzeit. In den Nationalparks sind oft mehrere Plätze ausgewiesen, ein Stück Wiese in wunderschöner Lage mitten im Wald oder an einem See oder Fluss. Die Infrastruktur besteht allerdings oft nur aus einem Toilettenhäuschen, manchmal ist ein Wasserhahn vorhanden. Jedes Jahr kommen neue, gute Plätze hinzu, aber es wird noch einige Jahre dauern, bis sich die Situation grundlegend verbessert hat. Auch auf Bauernhöfen (www.maaturism.ee, www.celotajs.lv, www.atostogos.lt) ist preiswertes Übernachten oder Zelten möglich, und außerhalb der Nationalparks wird, wie in den skandinavischen Ländern, freies Campieren toleriert. Eine Zusammenstellung der Campingplätze in allen drei Ländern befindet sich auf der Webseite der Baltischen Tourismuszentrale:
www.gobaltic.de

Märchenhaft schön: Sandsteinfelsen im Urstromtal der Gauja

ESTLAND | KANUFAHREN

(F 4) bei Otepää
Klub „Toonus Pluss"
Organisation von Kanutouren, Verleih von Booten.
Region Valgamaa
Tel. (050) 557 02
info@toonusplus.ee

(F 3) Törve **Tammemäe Farm**
Puurmani vald, Region Jõgevamaa, Tel. (077) 635 00
tammemaetalu@hot.ee

(E 3) Türi **Allika Hostel**
Allika 4, Region Järvamaa
Tel. (038) 78 100
allika.mm@neti.ee

NATIONALPARKS

(E/F 1/2) **Lahemaa Rahvuspark**
Seit 1971 ist die Küstenregion 40 km östlich von Tallinn Nationalpark: Kiefernwälder, Moore, Seen, Flüsse und Bäche, stark zergliederte Küste, wobei vier markante Landzungen größere Buchten bilden; dünne Besiedlung. Ein guter Ausgangspunkt für Unternehmungen ist der Ferienort Võsu. Markierte Wanderwege im Nationalpark: Naturlehrpfad 3 km nördlich vom Gutshof Sagadi, Länge 4,7 km. Zu entdecken sind Waldbiotope, Ostseestrände und Urwälder; Spuren von Braunbären, Wildschweinen, Elchen und Bibern (1,5 km langer Lehrpfad ca. 1 km nördlich von Oandu). Der 3 km lange Lehrpfad Käsmu, Beginn beim Parkplatz am Ende des Dorfes, führt entlang der Küste durch Estlands größtes Findlingsfeld.
Nationalparkzentrum in Palmse: Infomaterial über Lahemaa, außerdem Fahrradverleih und Naturführungen.
Tel. (032) 955 55, Fax 955 56, www.lahemaa.ee

Matsalu: Zugvögel im Visier

(E 3) Viljandi
Soomaa Rahvuspark
Den Kern bilden die fast menschenleeren Hochmoore der Pärnu-Niederung: Heideflächen, wilde Orchideen, Kiefern-, Bruch- und Moorwälder. Tierwelt: Luchse, Wölfe, Bären, Elche, Fischotter und Biber. Im Sommer, wenn die Wiesen relativ trocken sind, gibt es mehrtägige Exkursionen auf Lehr- und Wanderpfaden. Die verschlungenen Flussarme eignen sich gut für Kanutouren. Ein Erlebnis sind die Saunen: Entspannung bieten Rauchsauna, Finnische Sauna, Flusssauna, das Schwitzzelt nach Indianerart und das heiße Bad im Freien. Es gibt einfache Zeltplätze und Blockhütten mit Platz für bis zu vier Personen.
Viljandi TIC
Tallinna 2B
Tel. (043) 571 64
soomaa@soomaa.com
www.soomaa.com

REITEN

Viele Bauernhöfe bieten Reiterferien an; eine gute Anlaufstelle ist der Verband „Urlaub auf dem Lande": www.maaturism.ee

VOGEL-SCHAU

(C 2) Kärdla
Inseln Hiiumaa, Saaremaa und Matsalu-Bucht
Die drei bedeutendsten Rastgebiete Hunderttausender von Zugvögeln im Frühjahr und Herbst bieten Birdwatchern unvergessliche Erlebnisse. Einwöchige ornithologische Reisen im Frühjahr und Herbst.
Vabaduse 5, Tel. (046) 321 33
www.moonsund.ee

INFO Natur erleben

(F 4) Ööbikuorg
„Nachtigalltal" beim Dorf Rõuge im Südosten Estlands. Jeden Frühling sind Hunderte der stimmgewaltigen Vögel in diesem Tal zu hören.

LETTLAND | WASSERSPORT

(E 6) Jēkabpils
Floßfahrt auf der Düna
Zwischen Daugavpils und Jekabpils. Die einwöchige Fahrt auf dem Holzfloß führt durch eine ruhige, kaum besiedelte Landschaft. Besonders schön sind die Inseln auf der Strecke, perfekte Plätze für Picknicks und Pausen. Gute Möglichkeiten zum Angeln.
Veranstalter Margers Laivins
Brīvības iela 2d, Tel. 955 84 38
lmtur@apollo.lv
www.daugavasplosts.lv

Kayak Fun Club
Zusammenschluss von Kajak- und Rafting-Enthusiasten mit einer breiten Angebotspalette nicht nur in Lettland. Kontakt nur über Internet: www.kayak.lv

Campo
Bootsverleih und Organisation von Kanutouren in Lettland, Büro in Riga: Tel. 9222339 (März–Okt.), Fax 750 53 22, campo@laivas.lv, www.laivas.lv
Infos für Kanutouren in den baltischen Ländern liefert auch:
www.canoe-dreams.com

(C 5) Abavas senleja
Der Fluss strömt gemächlich, nur der Abavas rumba, eine ca. 1m hohe Stromschnelle, unterbricht die gemütliche Tour. Wer möchte, kann 50 km auf der Abava zurücklegen, wofür in der Regel zwei Tage ausreichen. Zeltplatz, Verleih von Booten, Gepäck- und Bootstransport beim Hof „Avoti" (Infos über Campo, www.laivas.lv) in der Nähe des Dorfs Renda.

NATIONALPARKS

(C/D 5) Ķemeru nacionālais parks
Der Nationalpark umfasst das Ķemeru-Hochmoor, den Kaņiera-See, das Tal der Slocene, die Schwefelquellen im Zaļais purvs (Grünes Moor), alte Binnenland-Dünen, den Ostseestrand und die Uferdünen. Ķemeri ist mit seinen Schwefelquellen einer der bekanntesten Kurorte des Landes. Bohlenweg im Ķemeru-Moor sowie durch den Schwarzerlen-Sumpf.
Nationalparkverwaltung
Jūrmala-Ķemeri, Meža māja
Tel. 773 00 78
www.kemeri.vdc.lv/eng/

(C 4) Slīteres nacionālais parks
Bei den Letten als das Gebiet der kangari (Dünenketten) und vigas (Feuchtsenken zwischen den Dünen) bekannt. Von den Zilie kalni (Blauen Bergen) im Süden bis zur Kolkas-Spitze im Norden ist das Gebiet ein einzigartiges geologisches Freilichtmuseum. Mehrere Naturpfade, z.B. bei Šlītere und Ēvaži an der Bucht von Riga.
Nationalparkverwaltung
Dundaga, Dakterlejas 3
Tel. 328 10 66, snp@slitere.gov.lv
www.slitere.gov.lv
Informationsbüro, Šlīteres bākas IC, Tel. 324 92 11

SEHENSWERT

(F 7) Krāslava Düna-Schleifen
Auf dem 25 km langen Abschnitt zwischen Krāslava und Daugavpils wechselt die Düna neunmal die Richtung. Das Flusstal bietet viele interessante geologische Formationen: Steilhänge, Schluchten und Findlinge. Vom Ververu-Steilhang schöner Ausblick. Vier Naturpfade erschließen die Flussufer.
Krāslava TIC, Brīvības 13,
Tel. 562 22 01, Fax 562 22 66
ep@kraslava.vp.gov.lv

(C 5) Engures-See
Der Naturpark befindet sich an der Westseite der Bucht von Riga. Größtes Gewässer des Lagunen-Typs und ein wichtiger Nistplatz für Vögel. Beobachtungsturm und schwimmende ornithologische Station, von der aus Besucher beim Beringen zuschauen können. Kleines Museum in Mērsrags mit bemerkenswerter Sammlung von Runen. An mehreren Stellen Bootsverleih.
Touristeninformation Mērsrags
Dzintarzeme 9
Tel. 323 54 07
dianarub@e-apollo.lv

(C 6) Tērvete
Kleiner Naturpark mit Resten von Kreuzritterburgen. Mehrere Wanderwege, die von Holzskulpturen aus der lettischen Märchenwelt gesäumt sind; außerdem Geschichtsmuseum in Tērvete, Aussichtsturm und Vogelkunde-Pfad.
Tērvetes TIC
Tērvete, Dobeles rajons
Tel. 376 33 85, www.lvm.lv,
tervetepag@apollo.lv

Gauja-Nationalpark

Seit dem Abschmelzen der eiszeitlichen Gletscher hat der Fluss Gauja ein landschaftlich einzigartiges Urstromtal ausgeformt. Schluchten, Höhlen, Sandstein- und Dolomitfelsen machen den 920,5 km² großen Gauja-Nationalpark (Gaujas nacionālais parks) zum schönsten Naturgebiet Lettlands. Die Gauja fließt auf einem Fünftel ihrer Gesamtlänge (452 km) in einem weiten, bis zu 85 m tiefen Tal. Sehenswert sind u. a. der Park Līgatne, die Bischofsburg von Turaida, die so genannte Seeburg von Āraiši, eine nachgebaute Siedlung aus dem 9./10. Jh. Großes Angebot an Bootsfahrten, Reittouren und Radwanderungen. Informationen:
Gaujas NP Besucherzentrum
(D/E 5), Sigulda, Baznīcas iela 3, 797 40 06
Fax 797 13 44, ic@gnp.lv

Wanderer im Ķemeru-Hochmoor

INFO Natur erleben

FAHRRADTOUREN

Biken im Baltikum

Trotz dürftiger Beschilderung ein Vergnügen: wenig Autoverkehr, kaum Steigungen

Dünne Besiedlung, viel unberührte Natur, relativ wenig Autoverkehr bei einem gut ausgebauten Straßennetz und kaum Steigungen machen das Baltikum zu einem idealen Urlaubsziel für Radfahrer. Noch sind nicht allzu viele Radtouristen zwischen Memel und Finnischem Meerbusen unterwegs, doch fast alle, die zurückkommen, sind begeistert. Sämtliche Spezialreiseveranstalter bieten Fahrradreisen an. Die Palette reicht von der kurzen Erkundung des **Lahemaa-Nationalparks** bis zur dreiwöchigen Durchquerung aller drei Länder und von Gruppenreisen mit deutschsprachiger Reiseleitung und Gepäcktransport bis zu individuell ausgearbeiteten Touren- und Übernachtungsvorschlägen. Wer Planung und Durchführung selbst in die Hand nehmen möchte, findet auf der **Webseite von BaltiCCycle** gute Informationen. Fahrradkarten von Estland, Lettland und Litauen sind über BaltiCCycle ebenso erhältlich wie ein Radtourenbuch und Adressen von Verleihstationen. Auch vor Ort sind Karten in großen Buchläden oder an Tankstellen zu bekommen. In Estland vom Regio-Verlag, der auch Detailkarten im Maßstab 1:150 000 herausgibt, in Lettland „Jana Seta"-Detailkarten und in Litauen „Briedis"-Regionalkarten (Maßstab 1:130 000). Sorgfältige Planung vor der Reise ist ratsam, denn in vielen Orten sind die Informationsmöglichkeiten nur spärlich. So existiert in Estland zwar eine gute Beschilderung der Fahrradrouten, doch selbst viele Touristenbüros haben noch kein Infomaterial über die Strecken. In Lettland und Litauen befinden sich die Radrouten noch im Planungsstadium.
BaltiCCycle, www.bicycle.lt

Ideales Revier für Radler, hier auf Saaremaa

Velo Via Baltica
Detaillierte Beschreibung einer Fahrradroute von der litauischen Hafenstadt Klaipėda durch den Nationalpark **Kurische Nehrung** und das Kurland nach **Riga**. Je nach Interesse bietet sich im Anschluss die östliche Nationalparkroute (**Gauja, Lahemaa, Tartu**) oder die westliche Inselroute an (**Saaremaa, Hiiumaa, Pärnu**). Die 1000 Kilometer der **Velo Via Baltica** lassen sich auch in Teilstrecken zurücklegen bzw. zu einer großen Rundreise erweitern, die auf rund 2000 Fahrradkilometern zusätzlich über **Daugavpils, Vilnius und Kaunas** führt. Das Buch ist erhältlich bei
Reisen ins Baltikum – Estland, Lettland, Litauen
25813 Husum, Woldsenstraße 36
Tel. (04841) 30 04, Fax 21 09

Vidzemes jūrmala
„Strand Livlands" (Vidzemes jūrmala) wird die rund 100 km lange Küste von Riga bis zur estnischen Grenze genannt. Bis auf einige wenige Dörfer ist der gesamte Küstenabschnitt unbesiedelt. Endlose, oft menschenleere Sandstrände. Die schönsten Bereiche sind nördlich von Zvejnieciems. (D 4/5)

LITAUEN | KANUFAHREN

Besonders der Nordosten, Osten und Südosten Litauens sind ein wahres Paradies für Wasserwanderer.

SCHÖNE ROUTEN

Memel (Nemunas) (460 km)
Zwischen der weißrussischen Grenze und dem Kaunasser Stausee liegt der interessanteste Abschnitt. Die Route führt durch den Dzūkija-Nationalpark, die Kurorte Druskininkai und Birštonas sowie den malerischen Ort Merkinė. (C 10-A 7)

Neris (235 km)
Von der weißrussischen Grenze bis nach Vilnius. An der Strecke viele schöne Stellen zum Übernachten. (E 9-C 8)

Minija (180 km)
Schönster Fluss Niederlitauens, im Ober- und Mittellauf schnell fließend und reich an Sandbänken. Gut geeignet für den Start ist auch der See Plateliai (über den Fluss Babrungas in die Minija). Endpunkt: das Memel-Delta. (B 6-A 7)

Seenplatte des Aukštaitija-Nationalparks (bis 150 km)
Rund 100 Seen, zum großen Teil durch Flüsse und Durchfahrten verbunden. Möglich sind Touren von 20-30 km, die über die Flüsse Žeimena und Buka auf 100-150 km bis zur Kurischen Nehrung ausgeweitet werden können. Verleih von Tourenausrüstung in Nationalparkzentrum. (E 8)

Šventoji (290 km)
Mehrere reizvolle Routenvarianten auf einem der schönsten Flüsse von Aukštaitija. Die Šventoji durchfließt die malerischen Seen Luodis und Sartai, die Stadt Anykščiai und drei Regionalparks, ehe sie bei Jonava in die Neris mündet. (D/E 8)

(C 9) Birštonas **Touristenzentrum Birštonas**
Paddeltouren auf den Flüssen Verknė und Memel.

Kanutour im Nationalpark Soomaa

Jaunimo 3, Tel. (83 19) 657 40
Tel./Fax 656 40
sportas@birstonas.lt

NATIONALPARKS

(E 8) Palūšė
Nationalpark Aukštaitija
Ausgedehnter Nationalpark (ca. 30 000 ha). Rund 80 Dörfer und Weiler, oft noch mit traditionellen Holzhäusern, liegen innerhalb der Parkgrenzen. Palūšė am Lūšiai-See ist das größte Dorf im Aukštaitija und das touristische Zentrum. Hier finden sich auch die meisten Unterkunftsmöglichkeiten, allerdings darf man nicht allzu große Ansprüche an Komfort stellen. Verleih von Fahrrädern, Kanus und Ruderbooten; das Informationsbüro der Parkverwaltung organisiert Wanderungen und Angeltouren.
Nationalparkzentrum, Palūšė
Ignalinos raj.
Tel./Fax (83 86) 528 91
anp@is.lt
Touristeninformation, Palūšė, Tel. (83 86) 474 30, Tel./Fax (83 86) 531 35
www.paluse.lt

(C/D 9/10) **Nationalpark Dzūkija**
Hier werden alte litauische Bräuche und traditionelles Handwerk besonders gepflegt. Nirgendwo sonst im Land sind so viele urtümliche Dörfer und Gehöfte erhalten. Die Flüsse Merkys und Ūla sind ein Dorado für Kanuten; in den Wäldern viele ausgewiesene Fahrradwege und Lehrpfade zur Tier- und Pflanzenwelt der Gegend. Zum Angebot des Informationszentrums Marcinkonys zählen Ausflüge, Wanderungen, Zeltplätze, Unterkunft, Tagungsräume sowie Verleih von Ausrüstung und Zubehör.
Marcinkonys, Miškininkų 62
Tel. (82 60) 444 66, Fax 444 71
dzukijanp@is.lt

(D 9) Trakai Historischer Nationalpark Trakai
Infos über Wander-, Radwege, Zeltplätze, Verleih von Paddelbooten, Yachten und Surfbrettern, Reiten, Radtouren, im Winter Pferdeschlittenfahrten.
Karaimų 5, Tel. (8528) 557 76
hinterlandas.parkas @is.lt
www.is.lt/area.patria

(B 6) Nationalpark Žemaitija
Im Herzen des Nationalparks liegt der tiefblaue Plateliai-See. Rad- und Wanderwege und eine Route durch die Seen Plateliai, Ilgis und Beržoras. Im Ferienzentrum Plokštinė Reitmöglichkeiten; der Yachtklub von Plateliai verleiht Boote; gutes Segel- und Surf-Revier. Naturlehrpfad von Šeirė.
Informationszentrum, Plateliai Didžioji 8, Tel. (84 48) 492 31
Fax 493 37, znp@plunge.omnitel.net

RADFAHREN

Radfahren in Litauen macht Spaß, es gibt viele kleine Straßen mit wenig Autoverkehr, aber die touristische Infrastruktur steckt noch in den Kinderschuhen. Fahrradrouten und auch Sehenswürdigkeiten sind bisher nicht ausgeschildert. Der Litauische Radfahrerverband (BIC) informiert über Fahrradvermietung, Radtouren und Routenplanung.
BaltiCCycle, Tel. (8699) 56009
info@bicycle.lt, www.bicycle.lt

Reiseveranstalter mit Fahrradangeboten
Astrida, Vilnius, Gedimino pr. 31
Tel. (85) 212 27 90
Fax 212 35 06, astrida@post.omnitel.net
Delta Tours, Kaunas, Laisvės 85-4, Tel. (837) 42 58 96 und 42 58 55, Fax 42 25 71, delta@deltatours.lt, www.deltatours.lt
Dorlita, Klaipėda, Tomo 10A
Tel. (846) 41 13 46, Fax 31 01 10
dorlita@tinklai.net
Krantas Travel, Klaipėda Lietuvininkų Pl. 5, Tel. (846) 39 51 11, Fax 39 52 22, travel@krantas.lt, www.krantas.lt

REITEN

Pferde und Ausritte bieten an:
Reitzentrum des Regionalparks Kurtuvėnai (C 7) Kurtuvėnai, Parko 2, Tel. (841) 37 00 22
Fax 37 03 36, info@kurtuva.lt
www.kurtuva.lt
Vilniusser Pferdehof (D 9) Riešė Vilniaus raj., Tel./Fax (85) 246 90 91, vilnius_stud@mail.lt

SEHENSWERT

Memel-Delta
Alte Fischerdörfer, das Inselstädtchen Rusnė, Vogelwarten bei Uostadvaris und in Rusnė. Besichtigungstouren, Radwege, Naturlehrpfade, Paddel- und Tretbootverleih, Segeln (Segelboote vermietet Tel. (84 41) 581 54), gute Angelmöglichkeiten, Bootsverleih (in Minija, Tel. (84 41) 695 22), Reiten, Zelt- und Lagerplätze. Viele Privatquartiere in Rusnė, Vermittlung über das Touristenbüro.
(A/B 7) Regionalpark Nemunas-Delta, Šilutė, Lietuvininkų 10
Tel./Fax (84 41) 750 50
ndrp@silute.omnitel.net
Infozentrum in Rusnė, Pakalnės 40 A, Tel. (84 41) 581 54

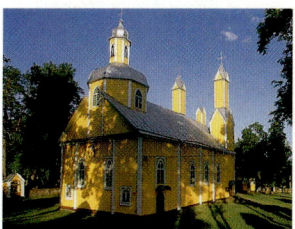
Kalvarienkirche im Dzūkija-Park

WANDERN

Die Dünen und Wälder auf der Kurischen Nehrung sind ein traumhaftes Wandergebiet. Spezialveranstalter wie Schnieder Reisen in Hamburg bieten Wochentouren an. Es werden die wichtigsten Sehenswürdigkeiten auf russischer und litauischer Seite besucht und einige besonders schöne Teilstrecken zu Fuß zurückgelegt. Wer sich allein auf den Weg machen möchte, bekommt bei der Nationalparkverwaltung das nötige Informationsmaterial.
Informationszentrum des Nationalparks Kurische Nehrung:
(A 7) Klaipėda, Smiltynės 18
Tel./Fax (846) 39 11 13
kinfo@takas.lt, info@nerija.lt, www.nerija.lt

Peipussee

Meer-Gefühl
Der 140 km lange und 50 km breite Peipussee ist der viertgrößte See Europas, in seiner Mitte verläuft der Grenze zwischen Estland und Russland. Da der See nur wenige Meter tief ist, erwärmt sich sein Wasser im Sommer auf angenehme Badetemperaturen. Praktisch das gesamte Nordufer, zwischen den Orten Kauksi und Vasknarva, ist ein endlos langer Sandstrand. Menschenleer und mit Dünen und Wald im Hintergrund, davor eine Wasserfläche, die bis zum Horizont reicht und das Gefühl vermittelt, am Meer zu sein. **(F/G 3/4)**

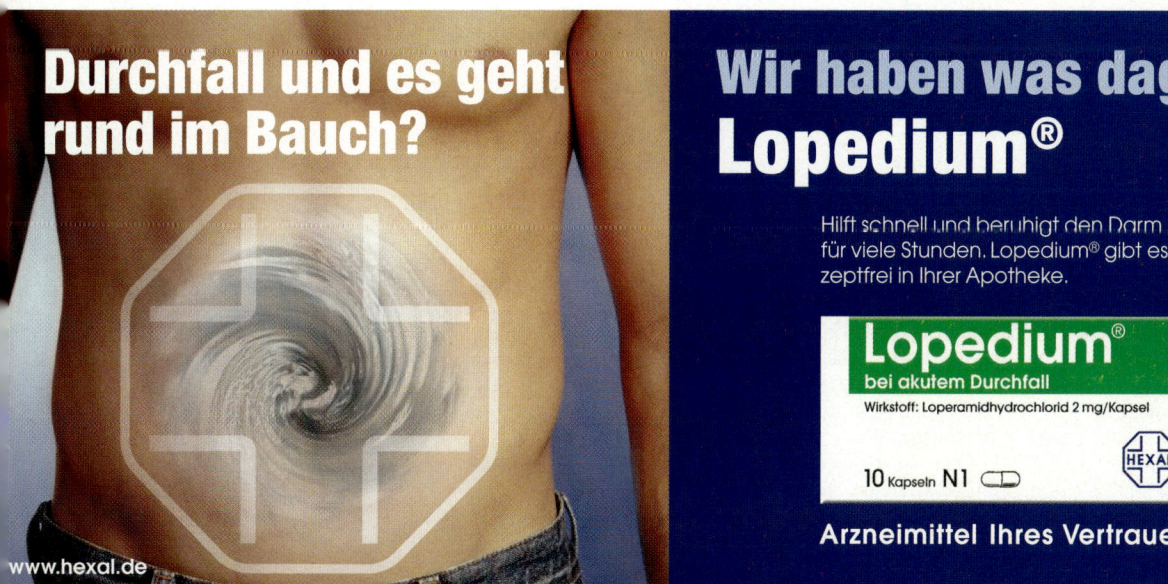

INFO Geschichte

RÜCKBLICK

Bauernopfer

Beim Schach der Mächtigen waren die baltischen Länder immer die Verlierer

Die große Liebe ist es bis jetzt noch nicht zwischen den drei baltischen Staaten. Keine wirklich offenen Grenzen, kein reger Grenzverkehr, drei Währungen, drei Nationale Fluglinien. Statt intensiver Zusammenarbeit wird die neu erworbene Selbstständigkeit zelebriert. Geeint hat Esten, Letten und Litauer oft die leidvolle Geschichte. Jahrhundertelang waren sie Spielball der Großmächte, wurden von fremden Herren besetzt, dienten als Bauernopfer auf dem Schachbrett der Geschichte. Wie im geheimen Zusatzprotokoll zum Nichtangriffspakt zwischen Hitler und Stalin, als das Baltikum **1939** der UdSSR zugesichert wurde. Immer waren die Länder zu klein, um sich gegen die Großen zur Wehr setzen zu können. So haben Dänen, Deutsche, Schweden und Russen ihre Spuren und manchmal auch ein schwieriges Erbe hinterlassen. Die Beziehungen zu Deutschland sind uralt. **1201** gründete Bischof Albert von Bremen Riga, Reval erhielt **1285** die lübischen Stadtrechte, und in Litauen missionierten schon um das Jahr **1000** deutsche Mönche, denen dann deutsche Kreuzritter folgten. Lange bildeten die Deutschbalten die Oberschicht und hielten die Fäden in der Hand. Doch seit dem **Zweiten Weltkrieg** spielen die Deutschen keine Rolle mehr. Nach der Unabhängigkeit **1991** blieb rund 1,5 Millionen Russen in den baltischen Staaten zurück. Für sie war die Unabhängigkeit zunächst ein Schock. Zuvor gab es für sie keine Notwendigkeit, die Landessprachen zu lernen, heute sind sie die Voraussetzung für einen Pass oder einen Job im öffentlichen Dienst. Zumindest bei vielen jungen Russen hat sich jedoch ein Meinungswandel vollzogen: Sie sehen sich als „Eurorussen" und setzen auf Europa.

Ordensritter, Großfürsten und Besatzer

Ab 4000 v. Chr. Finno-ugrische Stämme wandern ins heutige Estland und Finnland ein.
2000 v. Chr. Indogermanen besiedeln das heutige Lettland und Litauen.
Ab 500 v. Chr. Bernsteinhandel mit Südeuropa.
Um 600 n. Chr. Die Wikinger starten ihre Raubzüge.
1180 Kaufleute der Hanse gründen Handelsposten.
1202 Gründung des Schwertbrüderordens.
1219 Reval wird vom dänischen König Waldemar II. eingenommen.
1237 Der Schwertbrüderorden geht im Deutschen Orden auf.
1323 Erstmalige schriftliche Erwähnung von Vilnius.
1410 Niederlage des Deutschen Ordens in der Schlacht bei Tannenberg.
um 1430 Das Großfürstentum Litauen erreicht seine größte Ausdehnung.
1522/23 Die Reformation setzt sich in Livland durch.
1558-1582 Livländischer Krieg, der das Ende des Ordensstaates besiegelt. Livland wird polnisch, Estland schwedisch, Kurland wird abhängig von Polen.
1600-1629 Polnisch-schwedischer Krieg um Livland, für Estland und große Teile Lettlands beginnt die Schwedenzeit.
1700-1721 Nordischer Krieg, 1710 beginnt die 200-jährige Zarenzeit im Baltikum.
1772, 1793 und 1795 Erste, zweite und dritte Teilung Polens. Lettgallen, Litauen und Kurland werden russisch.
1817-1820 Abschaffung der Leibeigenschaft in Estland, Kurland und Livland.
1830/31 und 1863 Polnische Aufstände gegen die russische Herrschaft.
1914-1918 Erster Weltkrieg, das gesamte Baltikum wird von deutschen Truppen besetzt. 1918 Unabhängigkeitserklärungen von Estland, Lettland und Litauen.
1918-1920 Freiheitskrieg der Balten, Friedensverträge der baltischen Staaten mit Russland.
1921 Aufnahme der baltischen Staaten in den Völkerbund.
1923 Litauen besetzt das Memelgebiet.
1939 Hitler-Stalin-Pakt, in einem geheimen Zusatzprotokoll kommen das Baltikum und Finnland zur sowjetischen Interessensphäre. Umsiedlung der Deutschbalten aus Estland und Lettland. Allen baltischen Staaten werden von der Sowjetunion Beistandspakte aufgezwungen.
1940 Einmarsch sowjetischer Truppen. Anschluss an die UdSSR als Unionsrepubliken.
1941 Massendeportationen nach Sibirien.
1941-1944 Deutsche Besatzung, Massenmord an der jüdischen Bevölkerung.
1944/45 Das Baltikum wird erneut von sowjetischen Truppen besetzt, Beginn des Partisanenkampfes.
1949 Erneute Deportationen
1987 Erste öffentliche Proteste gegen die Sowjetherrschaft.
1988 Gründung von Volksfronten in allen drei Staaten.

NATO-Freunde: die Präsidenten George W. Bush und Valdas Adamkus 2002 in Vilnius

1989 Eine Million Menschen bilden eine Kette von Tallinn über Riga nach Vilnius.
1991 6. September: Anerkennung der Unabhängigkeit der drei Staaten durch die Sowjetunion. 17. September: Aufnahme in die UNO.
1993 Papstbesuch in Litauen.
1993-1994 Abzug der sowjetischen Truppen.
1995 Assoziierungsvertrag der baltischen Staaten mit der EU.
1998 Beginn der Beitrittsverhandlungen Estlands mit der EU.
2003 Referenden in allen drei baltischen Staaten zum EU-Beitritt im Jahre 2004.

INFO Über Nacht

MERIAN | TIPP

Nostalgischer Luxus

Die **Ammende-Villa**, das schönste Jugendstilgebäude Estlands, wurde im Jahre 1905 fertig gestellt. Im russischen Modernismus waren damals alle Richtungen des Jugendstils vertreten, doch die St. Petersburger Architekten orientierten sich an der Brüsseler Variante. Eine ungewöhnliche Wahl, denn normalerweise wurde in Estland im Heimat- oder im strengeren nordischen Stil gebaut. Die fertige Villa war letztendlich viel größer als ursprünglich geplant, was den Bauherrn, den Großhändler Herman Ammende, aber nicht störte. Zentraler Blickfang im Erdgeschoss ist die über zwei Etagen reichende, relativ düstere Halle. Ansonsten befinden sich in der gesamten unteren Etage nur mit antiken Möbeln eingerichtete Salons und Säle. In einem der Räume das exquisite Restaurant mit mediterran orientierter Küche. Im ersten Stock dann die luxuriösen Suiten, alle mit restaurierten Originalmöbeln ausgestattet. Im Vergleich dazu spartanisch sind die Zimmer im zweiten Stock und im Gärtnerhaus. Die verspielte Villa mit den Türmchen ist umgeben von einem Park, der nach alten Fotografien rekonstruiert wurde. Auch wer nicht in der Ammende-Villa wohnt, sollte sich wenigstens einen Nachmittagskaffee auf der Terrasse gönnen.

Villa Ammende M M M
(D 3) **Pärnu**, Mere pst. 7
Tel. (044) 738 88, Fax 738 87
ammende@ammende.cc
www.ammende.ee € € € €

Einladung aufs Gut: Wer im Hotel Palmse logiert, hat den Blick auf den Park gratis

ESTLAND

(D 4) Kabli **Lepanina**
Roter Backsteinbau direkt am Meer, ruhige Waldlage, nördlich vom Hotel ein schöner, einsamer Sandstrand. Gutes Restaurant, Campingplatz mit neu errichteten Hütten. Wer den Trubel in Pärnu nicht mag, ist hier gut aufgehoben.
Häädemeeste vald
Tel./Fax (044) 650 24
lepanina@lepanina.ee
www.lepanina.ee € €

(G 3) Kauksi **Suvi Motell**
Motel mitten im Wald, östlich des kleinen Dorfes Kauksi. Einfache Zimmer im skandinavischen Stil. Nur 100 Meter zum Strand des Peipussees.
Tel. (033) 931 19, Fax 680 67
info@peipsi-suvi.ee
www.peipsi-suvi.ee €

(C 3) Kuressaare **Linnahotell** M
Neubau, ruhig gelegen, nicht weit von Zentrum und Bischofsburg; reichhaltiges Frühstück auf der Terrasse.
Lasteaia 7, Tel. (045) 318 88
Fax 33 688, www.linnahotell.kontaktid.ee, linnahotell@kontaktid.ee € €

(D 3) Muhu **Pädaste Mõis** M M
Auf der Südspitze der Insel Muhu gelegener ehemaliger Gutshof, dessen Geschichte bis ins 16. Jh. zurückreicht. Nach einer aufwändigen, aber behutsamen Sanierung sind die großteils aus rohen Feldsteinen errichteten Gebäude wieder in sehenswertem Zustand. Das gesamte Anwesen strahlt Luxus und Ruhe inmitten einer fast unberührten Landschaft aus. Vielfältiges Aktivitäts- und Spa-Angebot. Von Gourmetzeitschriften mehrfach ausgezeichnetes Restaurant. In der Nebensaison ein erschwinglicher Luxus.
Pädaste, Tel. (045) 488 00
Fax 488 11, info@padaste.ee
www.padaste.ee € € € €

(F 4) Otepää **Karupesa**
Modernes, zweigeschossiges Haus im skandinavischen Stil. Komfortable Zimmer mit dem gewohnten Standard der Scandic Hotels. Das ideale Hotel für den Winterurlaub, mitten in Estlands bekanntestem Wintersportgebiet, Skistation und Loipen direkt vor der Tür.
Tehvandi 1a
Tel. (076) 615 00, Fax 616 01
karupesa@scandic-hotels.ee
www.scandic-hotels.ee €

(F 2) Palmse **Park Hotel Palmse** M
Moderne Zimmer im skandinavischen Stil in der ehemaligen Schnapsbrennerei des Gutshofes Palmse. Das 1860 erbaute Haus wurde 1995 komplett saniert, ruhige Lage im Park mit schönem Ausblick. Gemütliches Restaurant im Kellergewölbe mit gutem Essen zu günstigen Preisen.
Tel./Fax (032) 341 67
info@phpalmse.ee
www.phpalmse.ee € €

(D 3) Pärnu **Villa Katariina** M M
Wunderschöne, leuchtend gelbe Holzvilla in ruhiger Grünlage nicht weit vom Strand. Gutes Restaurant und Live-Musik am Abend. 12 DZ, häufig von finnischen Gruppen gebucht, rechtzeitige Reservierung unbedingt erforderlich.
Mere pst. 14, Tel. (044) 649 99
Fax 649 98, villakatariina@hot.ee € €

Neue Hütten, ruhige Waldlage: Campingplatz Lepanina

(D 3) Pärnu **Hotel Victoria**
Stadthotel mit 23 Zimmern in ruhiger Lage in einem schönen alten Haus im Rigaer Heimatstil. Moderne komfortable Zimmer, Übernachtungspreis inklusive Frühstück und die morgendliche Sauna.
Kuninga 25, Tel. (044) 434 12
Fax 434 15 victoria@hot.ee
www.hot.ee/victoria € €

(F 2) Sagadi **Sagadi Mõis**
In den Nebengebäuden von Gut Sagadi können Touristen in 14 modernen DZ übernachten; es gibt auch ein Restaurant. Am Abend, wenn das Forstmuseum im

ESTLAND

Orte
Angla .... C 3
Elva .... F 4
Haapsalu .... D 2
Heltermaa .... D 2
Kaali .... C 3
Kabli .... D 4
Kärdla .... C 2
Käsmu .... F 2
Karija .... C 3
Kauksi .... G 3
Kihelkonna .... C 3
Koguva .... C/D 3
Kohtla-Järve ..... F/G 2
Kolka .... F 3
Kuivastu .... D 3
Kuremäe .... G 2
Kuressaare .... C 3
Lüllemäe .... F 4
Mustvee .... F 3
Narva .... G 2
Nasva .... C 3
Otepää .... F 4
Pädaste .... D 3
Paide .... E 3
Palmse .... F 2
Panga .... C 3
Pärnu .... D 3
Põltsamaa .... E 3
Puurmani .... F 3
Rakvere .... F 2
Randküla .... C 3
Riisipere .... D 2
Rohuküla .... D 2
Rõuge .... F 4
Sagadi .... F 2
Sangaste .... F 4
Sillamäe .... G 2
Suuremõisa ...... C 2
Taagepera .... E 4
Tahkuna .... C 2
Tallinn .... E 2
Tartu .... F 3
Tõrve .... F 3
Türi .... E 3
Valga .... F 4
Värska .... G 4
Vaskarva .... G 3
Vastseliina .... F 4
Viimsi .... E 2
Viljandi .... E 3
Virtsu .... D 3
Võru .... F 4
Võsu .... F 2

Ortsnamen deutsch/estnisch
Arensburg .... Kuressaare
Dorpat .... Tartu
Fellin .... Viljandi
Hapsal .... Haapsalu
Odenpäh .... Otepää
Pernau .... Pärnu
Reval .... Tallinn
Wesenberg .... Rakvere

Nationalparks
Karula .... F 4
Lahemaa .... E/F 1/2
Soomaa .... E 3
Vilsandi .... B/C 3

LETTLAND

Orte
Aglona .... F 7
Aizkraukle .... E 6
Bauska .... D 6
Cēsis .... E 5
Daugavpils ...... E/F 7
Dobele .... F 6
Dundaga .... C 4
Jelgava .... G 2
Jēkabpils .... E 6
Jūrmala .... D 5
Kandava .... C 5
Kolka .... C 4
Krāslava .... F 7
Kuldīga .... B 5
Liepāja .... A 6
Madona .... E/F 6
Mazirbe .... C 4
Mežotne .... D 6
Mērsrags .... C 5
Nīgrande .... B 6
Renda .... C 5
Rēzekne .... F 6
Rundāle .... D 6
Riga .... D 5
Sabile .... C 5
Saldus .... C 6
Salaspils .... D 5
Saulkrasti .... D 5
Sigulda .... D 5
Šķiltere .... C 4
Talsi .... C 5
Tērvete .... C 6
Tukums .... C 5
Ungurmuiža ..... E 6
Valka .... E 4
Valmiera .... E 5
Ventspils .... B 4
Zvejniekciems .. D 5

Ortsnamen deutsch/lettisch
Dünaburg .... Daugavpils
Goldingen .... Kuldīga
Kautzemünde .. Kaucminde
Kurtenhof .... Salaspils
Libau .... Liepāja
Mesoten .... Mežotne
Mitau .... Jelgava
Orellen .... Ungurmuiža
Ruhenthal .... Rundāle
Segewold .... Sigulda
Tuckum .... Tukums
Wenden .... Cēsis
Windau .... Ventspils
Wolmar .... Valmiera

Nationalparks
Gauja .... D/E 5
Kemeru .... C 5
Slīteres .... C 4

Kaucminde ..... D 6

LITAUEN

Orte
Alytus .... C 9
Anykščiai .... D 8
Babrungas .... B 7
Biršt onas .... C 9
Druskininkai .... C 10
Grūtas .... C 10
Jonava .... D 8
Juodkrantė ...... A 7
Kalvarija .... C 9
Kaunas .... C 8
Kintai .... A 7
Klaipėda .... A 7
Kurtuvėnai .... C 7
Lazdijai .... C 9
Marcinkonys .... D 10
Marijampolė .... C 9
Merkinė .... C/D 9
Minija .... A 7
Molėtai .... E 8
Nida .... A 7
Palanga .... A 6
Paluše .... E 8
Panevėžys .... D 7
Pervalka .... A 7
Plateliai .... B 6
Plungė .... B 7
Preila .... A 7
Riešė .... D 9
Rumšiškės ...... D 8
Rusnė .... A 7
Šiauliai .... C 7
Šilutė .... A/B 7
Tauragė .... B 8
Tauragnai .... E 8
Trakai .... D 9
Venté .... A 7
Vilnius .... D 9

Ortsnamen deutsch/litauisch
Heydekrug .... Šilutė
Memel .... Klaipėda
Nidden .... Nida
Perwelk .... Pervalka
Polangen .... Palanga
Preil .... Preila
Schaulen .... Šiauliai
Schwarzort ...... Juodkrantė
Wilna .... Vilnius

Nationalparks
Aukštaitija .... E 8
Dzūkija .... C/D 9/10
Kuršių nerijos
 (Kurische Nehrung) .. A 7
Žemaitija .... B 6

UNESCO-WELTERBE
Altstadt von Tallinn .... E 2
Hist. Stadtkern von Riga ... D 5
Altstadt von Vilnius .... D 9
Kurische Nehrung .... A 7/8

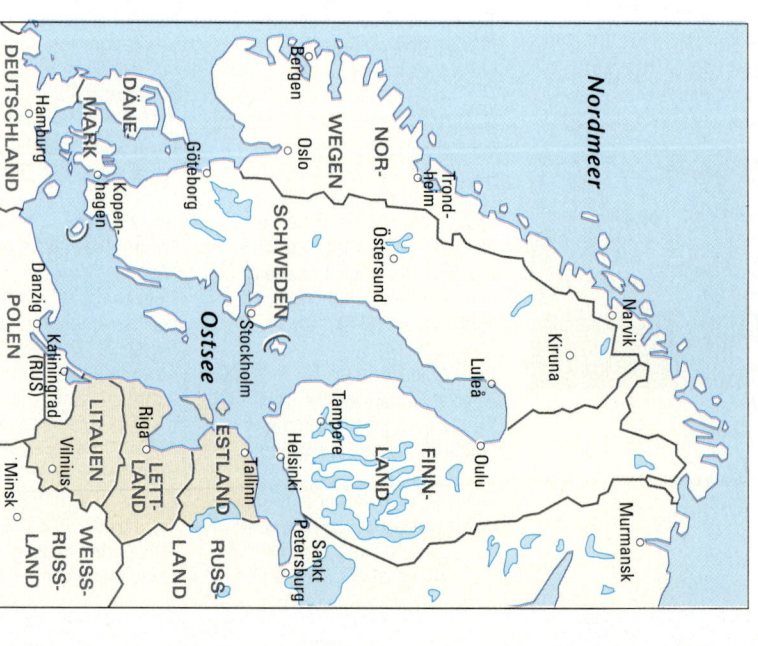

INFO Über Nacht

Stall geschlossen ist, hat man den Park ganz für sich allein.
Vihula vald, Tel. (032) 588 88
Fax 588 80, sagadi@sagadi.ee
www.sagadi.ee €€

(F 4) Sangaste **Sangaste Mõis**
Das Schloss im Tudor-Stil ähnelt dem englischen Windsor Castle. Bekanntester Bewohner war Graf Georg Magnus von Berg, der durch seine Reisegeschichten und den von ihm gezüchteten Sangaste-Roggen bekannt wurde. Einige Säle des Schlosses können besichtigt werden (tgl. 8–20 Uhr). Sehr preisgünstiges Hostel ohne viel Komfort.
Lossiküla, valga mk.
Tel. (076) 793 00
Fax 793 03, sangasteloss@hot.ee
www.hot.ee/sangasteloss €

(E 2) Tallinn **Domina City** M M
Sehr zentrale, aber ruhige Lage mitten in der Altstadt. Das Haus aus dem 18. Jh. wurde von italienischen Investoren luxuriös saniert. Marmorfußböden, warme Farben und moderne Kunst an den Wänden erinnern ein wenig an die Toskana.
Vana-Posti 11/13
Tel. (0) 681 39 00, Fax 681 39 01
city@domina.ee, www.dominahotels.com €€€

(E 2) Tallinn **Domina Ilmarine** M
Moderne Zimmer über zwei Etagen, fast wie ein kleines Apartment. Bei längerem Aufenthalt Preisnachlässe. Alle Zimmer gehen von einem langen, überdachten Innenraum mit gemütlichen Sitzgruppen und Bar ab. Nur kurzer Fußweg zur Altstadt.
Põhja pst. 23
Tel. 614 09 00, Fax 614 09 01
ilmarine@domina.ee
www.dominahotels.com €€€

(E 2) Tallinn **Pirita Kloostris**
Das 2001 fertig gestellte neue Brigittenkloster steht neben den Ruinen des alten Klosters aus dem 15. Jh. Die Ordensschwestern unterhalten ein für alle offenes Gästehaus mit 20 modern eingerichteten Zimmern. Wer möchte, bekommt einen Einblick in ein modern geführtes Kloster.
Pirita, Merivälja tee 18
Tel. 605 50 00
www.osss.ee €€

(E 2) Tallinn **Hotel Schlössle** M M M
Wohnen wie zu Zeiten der Hanse, allerdings mit dem Komfort eines modernen Luxushotels. Das Haus wurde im 15. Jh. erbaut, und jedes der 23 Zimmer ist ein Unikat. Wenn das Hotel ausgebucht ist, steht mit dem benachbarten „St. Petersbourg" eine gleichwertige Alternative zur Verfügung.
Pühavaimu 13/15
Tel. 699 77 00, Fax 699 77 77
www.schlossle-hotels.com
schlossle.reservations@schlossle-hotels.com €€€€

(F 3) Tartu **Draakon** M M
Kleines, luxuriöses Hotel in einem historischen Haus im Zentrum. Modern eingerichtete Zimmer mit Blick auf den Rathausplatz. Ein besonderes Erlebnis ist das Restaurant in einem Barocksaal.
Raekoja plats 2, Tel. 44 20 45
Fax 42 30 00 tonyas@solo.delfi.ee, www.draakon.ee €€€

(F 3) Tartu **Oru Villa**
Jugendstilvilla in Zentrumsnähe, absolut ruhige Grünlage. Einst Wohnhaus von Ants Piip, Juraprofessor und Politiker in der Vorkriegsrepublik. Nach wechselvoller Zeit gehört die Villa jetzt wieder der Familie. Sieben relativ kleine DZ, teilweise mit Dachschrägen.
Oru 1, Tel./Fax (07) 42 28 94
info@oruvilla.ee
www.oruvilla.ee €€

Gourmet-Restaurant in fast unberührter Natur: Pädaste Mõis

(F 3) Tartu **Pallas** M M
Pallas war die erste Kunsthochschule Estlands, die an dieser Stelle stand, bis sie 1944 Bomben zum Opfer fiel. Von außen ist das mitten in einem modernen Einkaufszentrum gelegene Hotel keine Schönheit. Doch einige Zimmer sind farbstarke Meisterwerke moderner Kunst, 1999 für das beste Hotel-Interieur in Estland ausgezeichnet. Wer Außergewöhnliches sucht, sollte einen Blick in die Zimmer 401, 403, 500, 501 und 503 werfen.
Riia 4, Tel. (07) 30 12 00
Fax 30 12 01, pallas@pallas.ee
www.pallas.ee €€

(F 2) Võsu **Rannaliiv** M M
Freundliche und modern eingerichtete Pension mit 11 DZ. Ruhige Lage, Sauna, Swimmingpool, großer Garten und Kaminzimmer, Vollpension möglich. Ideales Standquartier für Unternehmungen im Lahemaa-Nationalpark, nur wenige Meter bis zum herrlichen Sandstrand von Võsu.
Aia 5, Tel./Fax (032) 384 56
rannaliiv@hot.ee
www.rannaliiv.ee €

LETTLAND

(E 5) Cēsis **Cēsis**
Zentrale Lage, 41 modernisierte Zimmer, Restaurant, Café, Sommerterrasse und Sauna.
Vienības laukums 1
Tel. 412 01 22
Fax 412 26 95
www.danlat-group.lv €€

Schloss Sangaste: außen ein wenig wie Windsor Castle, innen mit bescheidenem Komfort

INFO Über Nacht

(B 5) Kuldīga Jāņa Nams M
Kleines Hotel im Zentrum von Kuldīga. Gebäude aus dem 19. Jh., 1996 vollständig saniert, modern eingerichtete Zimmer, Sauna.
Liepājas iela 36
Tel. 332 34 56, Fax 332 37 85
www.jananams.lv €€

(A 6) Liepāja Roze M
Restauriertes Jugendstilhaus mit 7 komfortablen Zimmern, eingerichtet im Stil der 20er Jahre. Das Gästehaus liegt im Küstenpark nur 100 m vom Strand, 5 Min. zum Zentrum.
Rožu iela 37, Tel. 342 11 55
Fax 342 12 55
info@parkhotel-roze.lv
www.parkhotel-roze.lv €€

(D 6) Mežotne bei Bauska Mežotne M M M
Wunderschön saniertes neoklassizistisches Schloss inmitten eines weitläufigen Englischen Parks. Alle Zimmer sind individuell im Stil des 19. Jh. eingerichtet, Zimmernamen wie „Sleeping Beauty", „Room of Roses" oder „Sweet Memories" versprechen nicht zu viel. Ruhige Lage, nur 37 Betten, EZ, DZ und Apartments, in denen bis zu vier Personen untergebracht werden können.
Tel. 396 07 11, Fax 396 07 25
mezotnpils@apollo.lv €€

(D 5) Riga Centra
Neu eröffnetes Hotel in der Altstadt in einem 1884 erbauten Haus. 26 nüchtern-moderne Zimmer, vom 6. Stock hat man einen guten Ausblick auf die Stadt.
Audēju 1, Tel. 722 64 41
Fax 750 32 81 hotel@centra.lv
www.centra.lv €€

(D 5) Riga Gutenbergs M M M
Luxuriöse Zimmer mit alten Deckenbalken in einer ehemaligen Druckerei mitten im Zentrum der Altstadt. Kleine Hausbibliothek mit alten Folianten, Bilder und Bücher in Zimmern und Korridoren, spektakuläre Dachterrasse, von der der Dom zum Anfassen nahe scheint.
Doma laukums 1
Tel. 781 40 90
Fax 750 33 26
hotel@gutenbergs.lv
www.gutenbergs.lv €€€€

(D 5) Riga Konventa Sēta M M
Historischer Gebäudekomplex aus 9 Häusern inmitten der Altstadt. 141 Zimmer im skandinavischen Stil in ruhiger Lage. In den verschachtelten Innenhöfen laden Souvenirläden, Galerien, Bars und Cafés zum Besuch ein.
Kalēju 9/11, Tel. 708 75 01
Fax 708 75 15
reservation@konventa.lv
www. konventa.lv €€

(D 5) Riga Laine M
Kleines Hotel in der Altstadt. Elegantes, sorgfältig saniertes Jugendstilgebäude aus dem Jahre 1912, ausgeschmückt mit Gemälden des jungen lettischen Künstlers Rolands Krisjanis. Von den oberen Stockwerken hat man eine gute Sicht auf die Altstadt, empfehlenswertes Restaurant.
Skolas 11, Tel. 728 98 23
Fax 728 76 58, reklama@laine.lv
www.laine.lv €€

(D 5) Riga Lauku Celotājs
Der lettische Verband für Urlaub auf dem Lande wurde 1993 gegründet und vermittelt einfache Privatunterkünfte wie Landhäuser, Ferienhäuser und Campingplätze in ganz Lettland. Beratung und Buchung im Büro in Riga oder über die Internetseite. Jedes Jahr gibt der Verband den Katalog „Urlaub auf dem Lande" heraus, neuerdings auch „Grüne Ferien" für besonders naturnahe Unterkünfte. Die in der Datenbank erfassten Unterkünfte werden von Lauku Celotājs regelmäßig auf ihre Qualität geprüft.
Kuģu 11, Tel. 761 76 00
Fax 783 00 41
lauku@celotajs.lv
www.celotajs.lv €

(D 5) Riga Radisson SAS Daugava M M
Eines des besten Hotels der Stadt am Ufer der Düna mit tollem Blick auf die Kirchtürme Rigas. 15 Min. zu Fuß in die Altstadt. Empfehlenswert der Business lunch und die mediterrane Küche im Talavera Restaurant, kaum zu überbieten ist das opulente Frühstücksbuffet. Häufig Sonderangebote.
Kuģu 24, Tel. 706 11 11
Fax 706 11 00
info.riga@radissonsas.com,
www.radissonsas.com €€€

(D 5) Riga Radi un Draugi M M
Das Hotel „Verwandte und Freunde" in der Altstadt unter britisch-lettischer Leitung hat 77 helle und freundliche Zimmer. Für den gebotenen Komfort sehr günstiger Preis, deshalb oft ausgebucht.
Mārstaļu iela 1/3
Tel. 722 03 72, Fax 724 22 39
radi@draugi.lv
www.draugi.lv €€

(D 5) Riga Reval Hotel Latvija M M
Früher der Inbegriff des ungemütlichen Intourist-Hotels, präsentiert sich das mehr als 20 Stockwerke hohe Gebäude nach Übernahme durch die Reval-Gruppe und Komplettsanierung 2001 in bestechender Form. 382 komfortable Zimmer, von den oberen Stockwerken hat der Gast den wohl besten Ausblick auf Riga. Weitere Annehmlichkeiten: Fitness Center, Casino, Nachtclub und zentrale Lage.
Elizabetes 55, Tel. 777 22 22
Fax 777 22 21
latvija.sales@revalhotels.com
www.revalhotels.com €€€

(D 5) Sigulda Hotel Santa
Kleines, 1999 eröffnetes Landhotel mit 14 modern eingerichteten Zimmern in der Nähe von Sigulda. Ausflüge in den Gauja-Nationalpark, Pferdetouren, Ballonflüge und Fahrten auf der Bobbahn.
Kalnjani
Tel. 770 52 71
Fax 770 52 78
hotelsanta@apollo.lv
www.hotelsanta.lv €

(B 4) Ventspils Piejūras Kempings
Komfortabler Campingplatz für Zelte und Wohnmobile in Meer- und Stadtnähe. Außerdem 16 moderne Hütten im skandinavischen Stil für 4 Personen, entweder nur mit Küche oder auch mit Dusche.
Vasarnicu iela 56
Tel. 362 79 25, Fax 362 79 91
www.camping.ventspils.lv €

Skandinavisch unter Palmen: Domina Ilmarine in Tallinn

LITAUEN

(A 7) Klaipėda Europa Palace Klaipėda
Das Gebäude von 1839, 2002 restauriert, liegt im Zentrum der Altstadt. 42 Zimmer und Suiten mit modernstem Komfort. Internationale Küche.
Teatro 1, Zveju 21
Tel. (846) 40 44 44
Fax 40 44 45
www.hoteleuropa.lt

(C 8) Kaunas Kunigaikščių Menė M
In einer wenig spektakulären Gasse der Altstadt fällt dieses winzige Hotel mit gerade mal 8 Zimmern kaum auf. Innen überraschend geschmackvoll eingerichtete, helle Zimmer. Der Service ist sehr entgegenkommend. Kleines Restaurant im Erdgeschoss. Insgesamt exzellentes Preis-Leistungs-Verhältnis.
Dauksos 28
Tel. (837) 32 08 00 / 32 08 77
Fax 32 08 27
mene@takas.lt €€

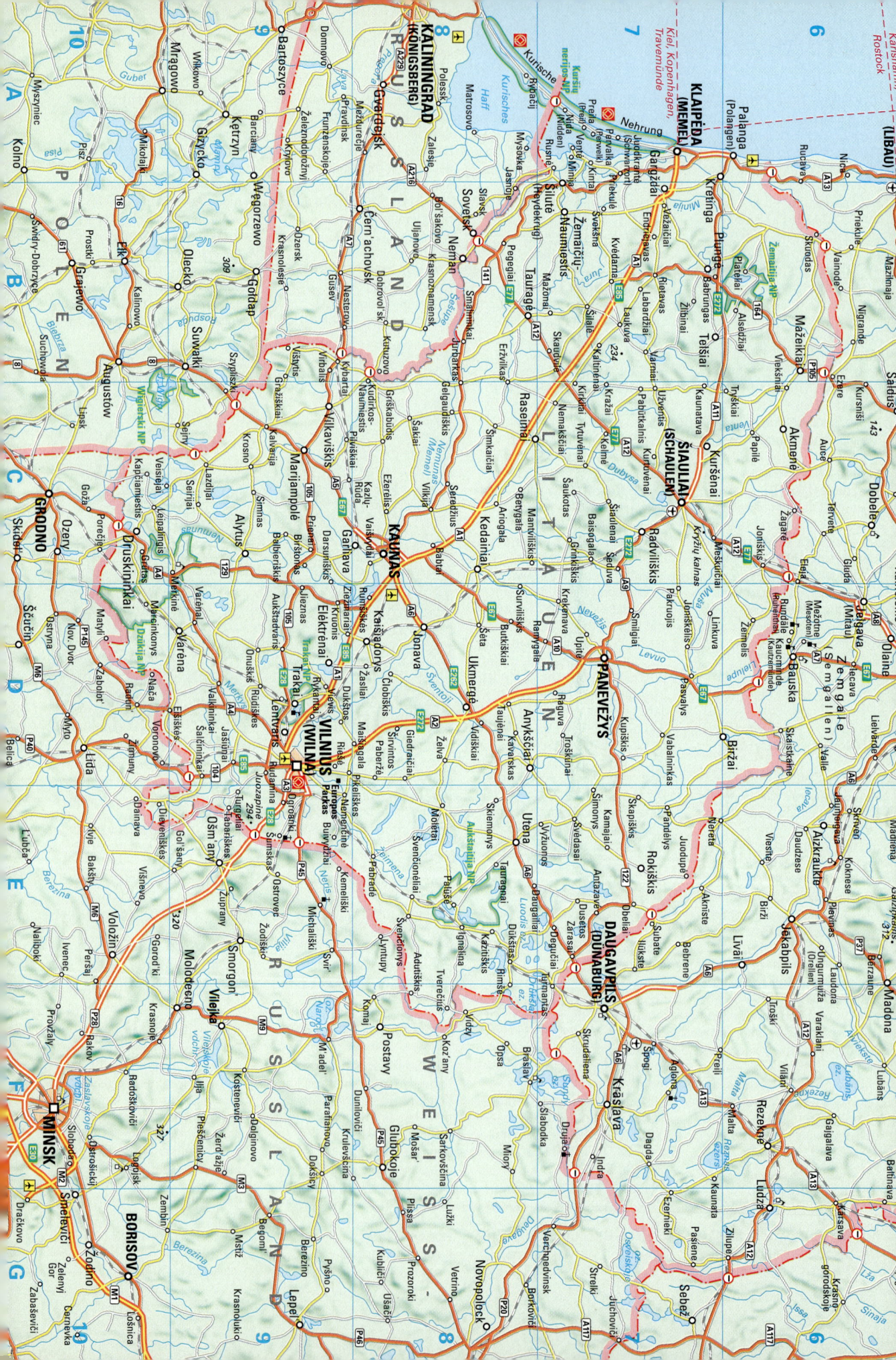

INFO Über Nacht

Freundlicher Service: Hotel Europa Palace in Klaipėda

(C 8) Kaunas
Santakos Viešbutis M M
Luxuriöses Hotel an der Grenze zwischen Alt- und Neustadt in einer ruhigen Seitenstraße. Über 100 Jahre alter Backsteinbau, früher Weinlager, zur Sowjetzeit ziemlich düsteres und vernachlässigtes Hotel. Nach der Sanierung erstes Vier-Sterne-Hotel in Litauen, in dem schon die deutsche Fußballnationalmannschaft gewohnt hat. Nicht von der schmucklosen Fassade abschrecken lassen, innen ein Platz zum Wohlfühlen.
J. Gruodžio g. 21
Tel. (837) 30 27 02
Fax 30 27 00, office@santaka.lt
www.santaka.lt €€€

(A 7) Nida/Neringa
Parnidzio kopa
Im Herbst 1998 eröffnete Anlage südlich des Ortskerns von Nida. Zehn moderne Zimmer und drei Apartments. Wellness-Einrichtungen: Dampfbad, Sauna und Schwimmbad.
Taikos g. 26a
Tel. (8469) 526 31, Fax 527 94
www.kds.lt/parnkopa_ger.htm
parnidziokopa@is.lt €€€

(A 7) Nida/Neringa
Villa Misko Namas M
Großes, gepflegtes Privathaus im Stil der Fischerkaten von Nida, ruhige Grünlage im Ort. Freundliche Gastgeber.
Pamario 11
Tel./Fax (84 69) 522 90
info@miskonamas.com
www.miskonamas.com €€

(A 7) Ventė **Vila Ventainė** M
Neuer Campingplatz für Zelte und Wohnwagen am Ufer des Kurischen Haffs mit kleinem Sandstrand. Bei guter Sicht Ausblick auf die Dünen bei Nidden. Vermietet werden auch DZ und Apartments für bis zu 4 Personen in kleinen Holzhäusern. Sauna, Angeln, Bootsverleih, Ausflüge aufs Haff. Restaurant mit Terrasse.
Ventė, Tel. (84 41) 685 25
Fax 474 22
beata@silute.omnitel.net
www.ventaine.lt €

(D 9) Trakai **Trakų Viešbutis**
Schöne Lage am See Totoriskes. 9 Zimmer, darunter drei Luxusapartments.
Ezero g. 7, Tel. (85 28) 555 03
Fax 555 05 €€

(D 9) Vilnius **City Park Hotel** M
Modernes Nobelhotel im Zentrum. Von den Zimmern schöner Blick auf die Kathedrale und den weiten Platz davor. Im Erdgeschoss, wo auch das Frühstück serviert wird, das Restaurant Rossini mit hervorragender italienischer Küche. Bei Internetbuchung gewährt das Hotel 10 % Rabatt.
Stuokos-Gucevičiaus 3
Tel. (85) 212 35 15
Fax 21 07 460
citypark@city park.lt
www.citypark.lt €€€

(D 9) Vilnius **Ecotel Vilnius**
2003 eröffnetes Hotel mit 168 Zimmern in einer ruhigen Nebenstraße, rund 15 Min. zu Fuß zur Altstadt. Moderne, nüchterne Einrichtung, viele Geschäftsleute, kaum teurer als viele Privatunterkünfte. Besonders attraktiv für Familien: Kinder unter 12 Jahren können kostenlos im Zimmer der Eltern schlafen, inklusive Frühstück.
Slucko g. 8, Tel. (85) 210 27 00
Fax 210 27 07, hotel@ecotel.lt
www.ecotel.lt

(D 9) Vilnius **Grybo Namai** M M
Kleiner Familienbetrieb in einem Hinterhof der Altstadt. Schön und aufwändig modernisiertes Haus aus dem 16. Jh. mit persönlichem Service und stimmungsvollem Restaurant im Kellergewölbe.
Aušros Vartų 3A
Tel. (85) 261 96 95
Fax 212 24 16
info@grybashouse.com
www.grybashouse.com €€€

(D 9) Vilnius **Holiday Inn**
Verkehrsgünstige Lage, ca. 10 Min. zu Fuß zur Altstadt. Moderner Neubau mit gewohntem Holiday-Inn Standard, 134 Zimmer. Abends oft Tanz und Live-Musik. Im Restaurant internationale Küche.
Šeimyniškių 1
Tel. (85) 210 30 00
Fax 210 30 01
Holiday-inn@ibc.lt
www.holiday-inn.com €€€

Hansisch und luxuriös:
Hotel Schlössle in Tallinn

(D 9) Vilnius **Narutis Hotel** M M M
Gediegener Luxus mitten in der Altstadt. Ältestes Hotel in Vilnius, das schon im 16. Jh. als Herberge diente, 1997 perfekt saniert. Im Restaurant werden mediterran inspirierte Gerichte serviert.
Pilies 24, Tel. (85) 212 28 94
Fax 262 28 82
info@narutis.com
www.narutis.com €€€€

(D 9) Vilnius **Radisson SAS Astorija** M M M
Die Nummer eins in Vilnius, zentral in der Altstadt. Schon die prächtige weiße Fassade des rund 100 Jahre alten Hauses vermittelt den Eindruck von Luxus. Das Restaurant Brasserie Astorija zählt zu den besten.
Didžioji 35/2
Tel. (85) 212 01 10
Fax 212 17 62
reservations.vilnius@radissonsas.com, www.radissonsas.com
€€€€

(D 9) Vilnius **Vilnius Bed & Breakfast & Apartments**
Vermittlung von Privatunterkünften, auch für längere Aufenthalte. Gute Webseite mit Buchungsmöglichkeit und Informationen über die Quartiere.
Mecetes 4, Tel. (85) 279 71 62
Fax 2731723
info@vilniusbandb.com
www.vilniusbandb.com €€

Litinterp
Vermittlung von preiswerten Privatunterkünften (Zimmer mit Dusche und Apartments) in Kaunas, Klaipėda, Nida, Palanga, Trakai und Vilnius; Anfragen über Internet (www.litinterp.lt). Außerdem Gästehäuser in Kaunas, Klaipėda und Vilnius, alle zentral in der Altstadt gelegen:

Bed & Breakfast
(C 8) Kaunas
Gedimino g. 28-7
Tel. (837) 22 87 18
Fax 42 51 20
kaunas@litinterp.lt €

Bed & Breakfast
(A 7) Klaipėda
St. Simkaus g. 21-4
Tel. (846) 41 18 14
Fax 41 18 15
klaipeda@litinterp.lt €

Bed & Breakfast
(D 9) Vilnius
Bernardinu g. 7-2
Tel. (85) 212 38 50 / 212 32 91
Fax 212 35 59
vilnius@litinterp.lt €

Alles übers Baltikum
Estland · Lettland · Litauen
Königsberg · St. Petersburg · Masuren
Schnieder Reisen CARA Tours GmbH
Schillerstraße 43 · 22767 Hamburg
Tel. 040/3802060 · Fax 040/38 89 65
www.schniederreisen.de

VORSCHAU Mauritius und Réunion

Paradiesische Badeplätze wie Sand am Meer: Die mauritische Westküste bei Flic-en-Flac

Ritual als Bitte um Reinheit: Hindu-Frauen am Indischen Ozean

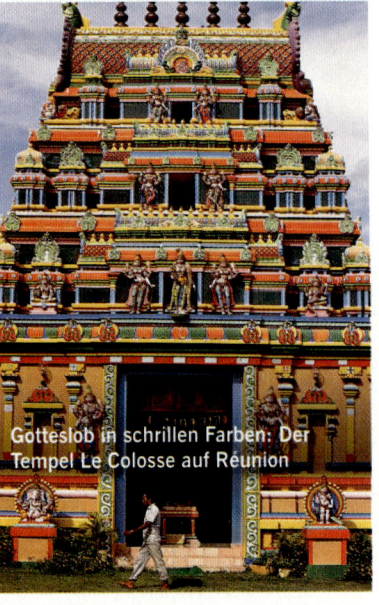

Gotteslob in schrillen Farben: Der Tempel Le Colosse auf Réunion

Zuletzt erschienen:

September 2003

August 2003

Juli 2003

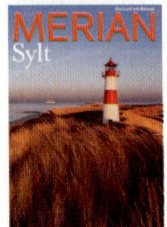

Juni 2003

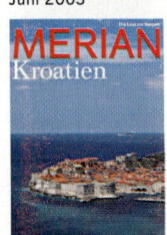

Mai 2003

April 2003

Mauritius und Réunion

Aus dem Inhalt dieses Heftes:

- Von Liebe und Luxus: Hochzeit auf der Trauminsel
- Made in Mauritius: Edle Marken und junge Designermode
- Goldgräber: Die lange Suche nach den Schätzen der Piraten
- Vive la France: Wie die Ex-Kolonie Réunion am Mutterland hängt
- Eingekesselt: Wanderung durch den Cirque de Mafate
- Mit Stolz und Speer: Die Tintenfischstecherinnen auf Rodrigues

MERIAN Mauritius und Réunion erscheint am 23. Oktober. Freuen Sie sich auch auf die nächsten MERIAN-Ausgaben: Schweiz, Burma, Tirol, Französische Atlantikküste